FACULTÉ DE DROIT DE POITIERS

DES MODES DE DISSOLUTION
DE LA
PUISSANCE PATERNELLE
EN DROIT ROMAIN
ET SPÉCIALEMENT DE L'ÉMANCIPATION

DE L'AUTORITÉ DU PÈRE
SUR LA
PERSONNE DE SES ENFANTS
DANS LE DROIT FRANÇAIS

THÈSE POUR LE DOCTORAT

PAR

Léon CASTEX

POITIERS
IMPRIMERIE GÉNÉRALE DE L'OUEST
BLAIS, ROY & Cⁱᵉ
7, RUE VICTOR-HUGO, ET RUE DES HAUTES-TREILLES, 13

1886

8°F
4412

FACULTÉ DE DROIT DE POITIERS

DES MODES DE DISSOLUTION

DE LA

PUISSANCE PATERNELLE

EN DROIT ROMAIN

ET SPÉCIALEMENT DE L'ÉMANCIPATION

DE L'AUTORITÉ DU PÈRE

SUR LA

PERSONNE DE SES ENFANTS

DANS LE DROIT FRANÇAIS

THÈSE POUR LE DOCTORAT
PRÉSENTÉE A LA FACULTÉ
Et soutenue le mardi 6 Juillet 1886, à 3 heures du soir,
DANS LA SALLE DES ACTES PUBLICS

PAR

Léon CASTEX

POITIERS
IMPRIMERIE GÉNÉRALE DE L'OUEST
BLAIS, ROY & Cⁱᵉ
7, RUE VICTOR-HUGO, ET RUE DES HAUTES-TREILLES, 13

1886

FACULTÉ DE DROIT DE POITIERS.

MM. Thézard (A. ✪), *Doyen, professeur de Code civil.*
Ducrocq (✣ I. ✪), *Doyen honoraire, professeur honoraire, correspondant de l'Institut.*
Arnault de la Ménardière (I. ✪), *professeur de Code civil.*
Le Courtois (I. ✪), *professeur de Code civil.*
Normand (A. ✪), *professeur de droit criminel.*
Parenteau Dubeugnon (A. ✪), *professeur de procédure civile.*
Arthuys (A. ✪), *professeur de droit commercial.*
Bonnet (A. ✪), *professeur de droit romain.*
Petit (A. ✪), *professeur de droit romain.*
Barrilleau (A. ✪), *professeur de droit administratif.*
Brissonnet, *agrégé, chargé du cours d'histoire du droit.*
Surville, *agrégé, chargé du cours de droit international privé.*

M. Coulon (I. ✪), *secrétaire.*

COMMISSION :

Président, M. PARENTEAU-DUBEUGNON.

Suffragants : { M. THÉZARD, doyen, / M. NORMAND, / M. PETIT, } Professeurs.

INTRODUCTION

Confucius, parlant de la puissance paternelle, a dit : « C'est la racine de toutes les vertus, le point d'appui de l'autorité, le premier lien social... L'homme est ce qu'il y a de plus noble dans l'univers, et la piété filiale est ce qu'il y a de plus grand dans l'homme. »

Des traces certaines de la puissance du père se trouvent dans l'histoire de presque tous les peuples primitifs, et les premières lois écrites constatèrent l'obéissance des fils à leurs pères en la sanctionnant. Le *Deutéronome* ordonne que le fils rebelle soit conduit à la porte de la ville pour y être lapidé. Le *Lévitique* et l'*Exode* punissent de mort celui qui frappe son père ou sa mère. Zoroastre condamne, avec autant de rigueur, dans le *Zend-Avesta* (six siècles avant Jésus-Christ), l'enfant qui a mal répondu trois fois à ses parents ; et en Égypte, avant que les Romains y eussent pénétré, les fils rendaient à leurs pères des honneurs presque divins. En Chine, la puissance paternelle ne fut pas moins forte : si un enfant maltraitait son père, le mandarin était déposé, l'enfant coupable était mis en pièces, et, sur l'emplacement de sa maison rasée, une inscription perpétuait le souvenir de son crime. Le père pouvait même accuser, sans être astreint de faire aucune preuve, devant la famille qui s'assemblait, avec la permission des mandarins, pour juger l'enfant indigne. Mais les meilleures règles ont été presque toujours exagérées chez les peuples dont la civilisation est encore en enfance ; aussi l'on trouve singulier qu'un empereur, successeur de Theou-King, ait cru pouvoir appeler aux premières dignités de l'empire un sujet obscur, en donnant pour raison l'obéissance filiale qu'il avait montrée.

Mahomet recommande à ses disciples d'honorer les auteurs de leurs jours et de prier pour eux : « Sois pour eux tendre et soumis, et adresse au ciel cette prière : « Seigneur, fais éclater ta miséricorde pour ceux qui » m'ont nourri dans mon enfance (1). »

Sans énumérer toutes les grandes nations qui eurent, il y a des siècles, leur heure de gloire et de puissance, on peut rappeler que les enfants, au Mexique, travaillaient jusqu'à vingt-cinq ans pour le compte de leurs parents, et que les Péruviens célébraient, chaque année, une fête en l'honneur de la paternité (2).

Une longue dissertation n'est donc pas nécessaire pour établir, au point de vue social tout au moins, la légitimité de la puissance paternelle. Aristote a formellement reconnu en elle ce qu'il nomme la loi de nature, et, de même que l'on n'a pas tenté l'application des idées exprimées sur l'éducation dans la *République* de Platon, malgré l'enthousiasme avec lequel Rousseau en parle dans son

---

(1) *Coran,* trad. Savary, 1826, t. I.
(2) Marmontel, *Les Incas.*

Émile, de même, les idées exagérées, produit étrange et bien spécial, à notre époque, de quelques puissantes imaginations trop amoureuses de l'originalité (1), n'empêcheront pas les sentiments d'affection, de respect et d'obéissance du fils pour son père, d'être tenus encore longtemps pour respectables. Et le grand précepte : *Honora patrem tuum et matrem tuam*... aura toujours sa sanction marquée dans toute législation vraiment digne de ce nom.

(1) *V.* M. Richepin, *Blasphèmes :* Tes père et mère.....

DROIT ROMAIN

DES MODES DE DISSOLUTION
DE LA
PUISSANCE PATERNELLE
ET SPÉCIALEMENT DE L'ÉMANCIPATION

PRÉLIMINAIRES
GÉNÉRALITÉS SUR LA PUISSANCE PATERNELLE

La puissance dont disposait le *pater* n'a en soi rien de spécifiquement romain (1) ; seulement la force et la vigueur primitives qu'elle avait empruntées aux idées patriarchales des anciens temps furent conservées à Rome plus longtemps que dans tout autre pays.

La religion domestique avait, dans chaque famille, son rite spécial, ses prières, ses cérémonies propres, qui se transmettaient de mâle en mâle. Ainsi s'explique la constitution de la famille romaine, dont les membres sont plutôt unis par un lien religieux, qui est aussi un lien juridique, que par les liens du sang ou par les affections naturelles (2).

---

(1) V. Ihering, *Esprit du droit romain*, Puissance paternelle.
(2) V. M. Fustel de Coulange, *La Cité antique* ; Cicéron, *De senectute*, le portrait du vieillard Appius.

Le *pater* est exclusivement chargé de la conduite et de la direction de la *familia*. Aucun des membres qui la composent ne peut agir en justice. C'est le chef qui fait valoir les droit des siens, et répond aux actions intentées contre eux. Cette responsabilité et l'impossibilité dans laquelle se trouve le père de plaider contre son fils, et réciproquement, ont été expliquées par la supposition d'une unité de personne. Il est cependant aisé de se convaincre que la personnalité du fils toujours fut distincte de celle de son père. C'est plutôt dans les droits absolus donnés au père sur les personnes et sur les biens de la *familia* qu'il faut chercher la cause de la responsabilité qui lui incombait. Quant à la situation juridique dans laquelle le père et le fils se trouvaient l'un envers l'autre, le respect dû au *pater* d'un côté et, de l'autre, l'inutilité pratique pour le père, tout au moins à une certaine époque, d'agir en justice contre son fils, en donnent une explication suffisante.

Non seulement le père peut exposer son enfant, le vendre, l'émanciper, l'empêcher de contracter mariage; mais encore il a entre les mains le droit dans lequel est résumée la *potestas* la plus étendue; le *jus vitæ necisque*. Les citoyens les plus illustres ne craignaient pas d'user d'un droit qui était entré dans les mœurs. La mort des fils de Brutus et la condamnation de Manlius Torquatus sont dans toutes les mémoires. Et cet attribut de la puissance paternelle disparut seulement après la République, bien que l'opinion publique l'eût réprouvé depuis longtemps. Depuis Trajan, l'enfant incorrigible dût être conduit primitivement devant le magistrat, plus tard devant l'évêque.

Une autorité aussi rigoureuse est difficile à comprendre « comme institution d'une société civilisée (1) ». Le progrès des mœurs détermina, il est vrai, des atténuations profondes ; mais, dans l'histoire de la puissance paternelle à Rome, on trouve de nombreuses lacunes, et il est impossible d'indiquer d'une façon précise les causes immédiates des modifications qui furent apportées.

Si le père, a-t-on dit, était juge souverain dans sa famille, cette qualité ne devait pas lui donner, en théorie tout au moins, le droit de tyranniser son enfant, et grâce à l'institution des tribunaux de famille, « entre une condamnation à mort prononcée contre un membre de la famille, suivie d'exécution, et un meutre dont il serait tombé la victime, l'opinion publique savait fort bien marquer la différence (2). » Cette distinction fut vraie sans aucun doute à une certaine époque, et le pouvoir du père devint avec le temps de plus en plus humain ; néanmoins, à l'origine, il fut sans limite, et c'était dans l'intérêt du père seul, non dans le but de protéger l'enfant, qu'il était organisé. Le père conservait donc son pouvoir, quel que fût l'âge de ses descendants. Ce pouvoir ne pouvait appartenir ni à la mère, ni à aucun ascendant de la ligne maternelle, et c'était le plus ancien ascendant de la ligne paternelle qui en était toujours investi. En outre, comme la *patria potestas* faisait partie du *jus civile*, un père pérégrin ne l'avait pas en principe. La preuve s'en trouve dans un édit d'Adrien, décidant qu'un pérégrin, après avoir obtenu le droit de cité pour lui, pour sa femme et pour ses enfants, doit encore, s'il veut avoir ses enfants

---

(1) Summer-Maine, *L'Ancien droit*, 131 et suiv.
(2) Ihering, II, 212.

sous sa puissance, obtenir une concession expresse du prince.

Cette organisation était conçue et mise en œuvre dans un but tout politique. « La loi veut assurer la conservation des idées religieuses par l'unité du culte privé, la conservation des fortunes par l'unité de patrimoine; enfin, la conservation des mœurs et des traditions nationales par la souveraineté d'une seule volonté (1). »

Cependant, si le père était propriétaire de ses enfants, il l'était à un autre titre que de ses esclaves. Le fils de famille n'est point considéré comme une chose : vendu ou abandonné noxalement, il ne devient pas esclave et tombe seulement *in mancipio*. C'est dire que le père ne pouvait lui ôter ni la liberté, ni même la cité. La *patria potestas* peut donc, à de certains points de vue, être comparée à la *manus*; car, si Tite-Live (2) nous cite l'exemple de Manlius Torquatus condamnant à mort son fils coupable d'avoir combattu et vaincu malgré les ordres du consul, son père, Tacite (3) rapporte qu'une femme, Pomponia Græcina, épouse de Plautius, auquel ses exploits en Bretagne avaient mérité l'ovation, fut accusée de se livrer à des superstitions étrangères, et abandonnée au jugement de son mari qui, suivant l'ancien usage, instruisit son procès devant un conseil de famille.

En définive, le droit du père paralyse, sans les supprimer, les droits du fils qui pourra s'obliger, et exercer, comme un *pater familias*, les fonctions qui dépendent du droit public.

Quand, avec le temps, la rigueur primitive eut été

---

(1) M. Accarias.
(2) Tite-Live, VIII, 7.
(3) Tacite, XIII, 32.

atténuée, quand les *sacra priata*, d'abord négligés, furent tombés en désuétude, en attendant qu'ils disparussent complètement, on vit successivement Trajan, en l'an 867 de Rome, contraindre un père à libérer son fils qu'il traitait inhumainement (1), et, en 870, Adrien condamner à la déportation un père qui avait tué, à la chasse, son fils coupable d'adultère avec sa belle-mère (2). Ulpien, dans la loi 2, *ad legem Corneliam de sicariis*, déclare qu'un père doit accuser son fils devant le préfet ou le président de la province, et non le tuer sans jugement. Une constitution d'Alexandre Sévère énonce la même règle (3), et, plus tard, Constantin punit le père qui a tué son fils de la peine même du parricide (4). Enfin, le droit de vendre l'enfant fut restreint de plus en plus, et l'abandon noxal du fils de famille, qui depuis longtemps n'était plus en usage à l'époque de Justinien, fut supprimé définitivement par ce prince.

(1) D. XXV, XII, fr. 5.
(2) D. XLVIII, IX, fr. 5.
(3) C. VIII, 47, 3.
(4) C. IX, 17.

DISSOLUTION
DE LA PUISSANCE PATERNELLE

Dans notre droit, l'enfant n'est jamais déchargé de l'obligation de respect dont il est tenu envers son père et sa mère, mais les pouvoirs qui constituent, entre les mains du père, la puissance paternelle proprement dite disparaissent de bonne heure : le droit de garde cesse à la majorité, et, dès l'âge de vingt ans, le fils peut quitter la maison paternelle pour s'enrôler dans l'armée. A Rome, les règles admises étaient totalement différentes ; cependant, certains événements pouvaient briser les liens juridiques qui attachaient le fils au *pater*, et ces événements, pour plus de clarté, doivent être divisés en deux catégories bien distinctes, suivant que le *filius familias*, en devenant *sui juris*, subit ou ne subit pas une *capitis deminutio*.

CHAPITRE PREMIER

I.

MODES DE DISSOLUTION SE PRODUISANT SANS « CAPITIS DEMINUTIO » DU FILS.

§ 1

Il faut citer, d'abord, le mode de dissolution le plus naturel : la mort du *pater*, qui, du reste, n'avait pas toujours pour effet de rendre *sui juris* le fils de famille. Ainsi le petit-fils, à la mort de son aïeul, tombait sous la puissance de son père, à moins que ce père ne fût mort ou sorti de la famille (1).

§ 2

L'esclavage du père *jure civili* anéantit la puissance qu'il avait, sans qu'il soit nécessaire de distinguer comment a été produit l'esclavage, malgré le texte des *Institutes*, qui ne parle que de la condamnation aux mines ou aux bêtes. Celui qui se trouve sous le coup de l'une de ces deux condamnations ne devient plus esclave depuis la novelle XXII (2), rendue par l'empereur Justinien, dans le but chrétien d'empêcher la dissolution du mariage. Le résultat cherché par Justinien donne la solution d'une question discutée : après la publication de la novelle XXII, la puissance paternelle reste-t-elle entre les mains du condamné ? La réponse doit être négative, car, si le mariage est maintenu, c'est comme mariage du *jus gentium*. Le condamné perd donc au moins la cité, s'il ne perd pas liberté, et il ne peut pas, en conséquence, garder la *patria potestas*. Il lui sera seulement possible de la recouvrer plus tard s'il obtient une *restitutio per omnia* ou *in integrum*. Les *Institutes* appliquent ces principes à la déportation seulement, mais leur décision doit être étendue d'une façon générale.

§ 3.

Si le père, au lieu de devenir esclave *juri civili*, était pris par l'ennemi, sa condition devenait particulière à

(1) J., Quib. mod. jus pot. solv., I, 12,.
(2) C. 8.

cause de l'existence du *jus postliminii*, applicable aux choses et aux personnes.

L'état du citoyen tombé au pouvoir de l'ennemi se trouvait soumis à une condition suspensive, qui était son retour probable. Si ce citoyen revient, ses droits sur ses biens, sur ses enfants,... suspendus pendant son absence, revivent, et pour l'avenir, et même en règle générale pour le passé. « Omnia jura civitatis in personam ejus retinentur, non abrumpuntur (1). » C'était précisément cette faveur dont jouissait le prisonnier, rentrant dans sa patrie, qu'on nommait *jus postliminii*. Si au contraire il mourait chez l'ennemi, il était considéré comme ayant toujours été esclave depuis l'instant où il avait été pris.

Pendant la captivité du père, il est seulement permis aux enfants de se marier sans le consentement de leur auteur après trois ans écoulés (2). Pour le reste, leur état est surbordonné au *postliminium* qui peut s'accomplir. Si le père revient, la puissance existe, entre ses mains, aussi complète que s'il l'avait toujours eue en fait. S'il meurt chez l'ennemi, ses enfants deviennent *sui juris*. On peut seulement se demander à partir de quelle époque ils auront cette qualité. Sera-ce du jour de la captivité du père, ou seulement du jour de sa mort ? Salvius Julianus qui vécut sous Adrien, mais dont la mort eut lieu à une époque que nous ne saurions préciser, puisque certains auteurs le font vivre encore à l'époque de Commode, trancha la question sans hésitation dans le sens de la rétroactivité (3). Cependant Gaïus, qui vivait presque au même moment, dit qu'il y avait encore doute : « Si verò illic mortuus sit,

(1) XXVIII, V, fr. 32, § 1.
(2) D. XXII, II, fr. 9, § 1.
(3) D. XLIX, XV, fr. 22, § 2.

» erunt quidem liberi sui juris, sed utrum ex hoc tem-
» pore quo mortuus est apud hostes parens, an ex illo
» quo ab hostibus captus est dubitari potest (1). » La
raison de douter venait sans doute (2) de ce que les enfants
n'avaient pas pu agir réellement comme des personnes
sui juris, puisque leur état était en suspens. Le décès du
père était donc la cause immédiate de la dissolution de
sa puissance, car cette mort seule met fin à l'incertitude
qui existait sur la condition de l'enfant. C'est ce qui fit
dire à Ulpien que le fils, tant que le père vivait, n'était
pas pleinement libéré de la puissance paternelle; « quam-
» vis patria potestate quamdiu vixerit, non fuerit in ple-
» num liberatus (3). » La question avait une grande importance, puisque les acquisitions faites par le fils pendant
le temps écoulé entre la captivité et la mort du *pater*
entraient dans son patrimoine, ou tombaient dans celui
du père, suivant la solution adoptée. Et le fils qui mourait avant le père laissait ou ne laissait pas une hérédité,
suivant qu'au moment de sa mort il était ou n'était pas
sui juris. Il semble, dit M. Accarias, que l'on n'eût jamais
du hésiter à admettre la rétroactivité, puisque la mort
du père a supprimé tout espoir de *postliminium*, et prouvé
que le père a été réellement esclave. Peu d'années après
la mort de Gaïus probablement, la question fut définitivement résolue dans ce sens par Ulpien (4) et par Tryho-
ninus (5). Et si l'on retrouve ici l'esprit de la loi Cornelia,
il ne faut pas croire qu'elle ait reçu, dans cette hypothèse,

---

(1) G. I, § 129.
(2) M. Ortolan.
(3) D. XXXVIII, XVI, fr. 15.
(4) D. XLIX, XV, fr. 18; J., *Quib. mod.*, § 5. — « Si vero ibi decesserit
» exinde ex quo captus est pater, filii sui juris esse videntur. »
(5) D. XLIX, XV, fr. 12, § 1.

son application, car la controverse subsista longtemps après elle.

Si, avant que le père meure *apud hostes*, le fils meurt, l'effet rétroactif de la mort du père fait qu'il est mort *pater familias, et quasi pater familias legitimum habebit successorem* (1).

§ 4

La perte de la *civitas* dépouillait aussi le père de ses droits de famille. Nous sommes en présence d'une *capitis deminutio media* enlevant au *pater* le droit de cité seul, mais aussi, comme conséquence, les droits de famille qui appartiennent aux seuls citoyens romains.

De différents textes de Cicéron, il résulte que personne ne pouvait perdre malgré soi ses droits de citoyen. Cela était vrai même des condamnés; en leur interdisant l'eau et le feu, on obtenait, par une voie indirecte, le résultat cherché (2). Cette formule de bannissement subsista même alors que le caractère sacré de citoyen romain eut depuis longtemps disparu (3).

Des exceptions existaient : un citoyen qui avait frappé un ambassadeur, ou qui avait conclu un traité honteux, était livré à l'ennemi, perdait la qualité de citoyen, et prenait place désormais dans la nation à laquelle il était livré. Si elle refusait de le recevoir, une controverse existait, et l'on se demandait si le droit de cité était

---

(1) D. XLIX, XVII, fr. 9, *in fine*.
(2) L'exemple du *jus civitatis* enlevé par Claude à un citoyen montre que la volonté des empereurs fut souvent arbitraire, sans que *l'on puisse voir en lui une dérogation à la théorie générale*.
(3) La constitution d'Antonin Caracalla donnant à tout habitant de l'empire le titre de citoyen eut une grande influence sur la *patria potestas*, dont la sphère se trouva ainsi considérablement étendue. — *V.* Summer-Maine, *loc. cit.*

perdu, « sans doute parce qu'il semble bizarre qu'un homme n'appartienne à aucune nation. » Un texte du *Digeste* attribué à Pomponius (1) rapporte que, dans une hypothèse semblable, une loi fut faite pour donner à celui que les ennemis avaient rejeté la qualité de citoyen, ce qui prouve péremptoirement que le droit de cité avait cessé d'exister. Cependant, Cicéron, tout en faisant allusion à ce texte, exprime un avis diamétralement opposé (2).

Les *Institutes* parlent simplement d'un père condamné à la déportation, mais ce père perdrait aussi bien sa puissance, si, pour un motif quelconque, il cessait d'être citoyen, par exemple s'il se faisait recevoir dans une cité étrangère (3).

Justinien s'explique aussi d'une façon spéciale sur la relégation qui n'a pas les mêmes conséquences que la déportation. En effet, celui qui en était frappé ne perdait pas ses droits de cité (4). Perpétuelle ou temporaire, la relégation, ôtait seulement au condamné la faculté de sortir du lieu qui lui était assigné : « Relegati patres in
» insulam, in potestate sua liberos retinent, et, ex con-
» trario, liberi relegati in potestate parentum rema-
» nent (5). »

Quand le père avait perdu, par la déportation ou par toute autre condamnation, les privilèges attachés à son titre de *pater*, il pouvait être grâcié. Alors, il n'avait plus de peine à subir, la remise lui en était faite. Il pouvait revenir et reprendre son rang de citoyen, mais la puis-

---
(1) D. L, VII, fr. 17.
(2) *Pro Cœcina*, 34. « Si non accipiunt, ut Macinium Numantini, retinet
» integram causam, et jus civitatis. »
(3) V. Maynz, I, *Not. gén. et prélim.*
(4) D. XLVIII, XXII, fr. 7, § 3.
(5) J. I, X, II, § 2.

sance paternelle était éteinte entre ses mains. Seule, la *restitutio per omnia* ou *in integrum* lui rendait tous les droits qu'il avait eus (1), et seulement pour l'avenir, car la volonté du prince ne pouvait pas supprimer dans le passé des effets produits d'une façon définitive.

L'empereur pouvait accorder expressément « *ut pater liberos in potestatem reciperet* ». Cette faveur était sous-entendue dans la *restitutio per omnia*.

§ 5

En principe, aucune dignité ne libérait le fils de la puissance du *pater*, et le consul y était soumis aussi bien que l'homme des champs.

Une exception existait seulement en faveur des Flamines de Jupiter et des Vestales (2).

Justinien décida par un rescrit que les Patrices seraient *sui juris*. Ce titre de patrice avait été créé par Constantin, et conféré à quelques personnes ayant exercé de hautes magistratures. Justinien explique la nouvelle règle qu'il porte, en déclarant que, puisque le père de famille peut rendre son enfant *sui juris*, il est impossible que l'empereur ne puisse pas soustraire à la puissance paternelle ceux qu'il a choisis comme pères. En réalité, les Patrices n'avaient qu'un titre honorifique, sans juridiction ni *impe-*

---

(1) C. IX, 51, 1, *in fine*.
(2) Ulp. *Reg.*, t. X, § 5.
Pour la vestale, la sortie de la famille avait une grande importance. Elle acquérait le droit de tester de ses biens. Si elle n'usait pas de ce droit, son patrimoine était dévolu à l'État. Comme conséquence, elle ne succédait plus *ab intestat* aux membres de son ancienne famille. (Aulu-Gelle.) V. Maynz, *Puiss. pat.*, § 332, 28.
La dérogation apportée ici au droit commun est fort ancienne, puisque Gaïus dit des vestales : « Quas etiam veteris in honorem sacerdotii liberas » esse voluerunt : itaque etiam lege duodecim tabularum cautum est. » — (I, § 145, *in fine*.)

rium. Zénon appelle leur charge un consulat honoraire.

Le privilège que leur avait accordé Justinien fut aussi attaché aux charges qui, en général, libéraient de la Curie, et étaient exercées par quelques grands dignitaires, comme le préfet du prétoire, le maître de la cavalerie, le questeur du sacré palais, etc..... Il faut citer aussi les évêques. A ce propos, Justinien, insistant sur sa métaphore dont il est visiblement satisfait (1), nous dit que les pères spirituels de tout le monde ne sauraient être *in potestate patris*. L'ordination par elle-même détruisait la puissance paternelle : « manifestum est nullum » esse qui nesciat ante omnia sanctissimos episcopos ex » ipso quo creantur, etiam suæ potestatis fieri (2). »

Je dois ajouter qu'à Rome on distingua toujours dans le *filius familias* deux personnes différentes. Il reste dans l'intérieur de la famille soumis à son père, suivant les règles ordinaires. Dans l'exercice des fonctions publiques, dont il peut être revêtu, il est indépendant, et peut même commander à son père. Cette idée est exprimée par Aulu-Gelle, qui raconte, dans ses *Nuits Attiques*, la visite que firent au philosophe Taurus le président de la province de Crète et son père : « Invitavit Taurus patrem » præsidis uti sederet. Atque ille ait : « Sedeat hic potius » qui populi romani magistratus est...... » La conclusion tirée par l'auteur fait ressortir la distinction que j'indique. Elle est confirmée aussi par un autre anecdote racontée dans le même chapitre (3).

Les dignités ne pouvaient cependant pas être, à aucun point de vue, une cause de préjudice pour ceux qui se

---

(1) Accarias. — *Nov.* LXXXI, c. III, *in fine*.
(2) *Ibid.*
(3) A. G., II, 2.

trouvaient par elles affranchis de la puissance paternelle. Aucun droit de famille n'était éteint, et la qualité d'héritier sien à la succession du père était conservée (1).

II

MODES DE DISSOLUTION EMPORTANT UNE « CAPITIS DEMINUTIO » DU FILS.

§ 1

La libération de la puissance paternelle et en même temps la *capitis deminutio* se produisent si le fils devient esclave, *jure civili*, ou prisonnier à moins que le *postliminium* ne s'accomplisse, ou s'il perd la *civitas*. Telles sont les hypothèses dans lesquelles la *capitis deminutio* est *maxima* ou *media*. L'adoption et l'émancipation produisaient seulement une *capitis deminutio minima*. Du reste, au point de vue auquel nous nous plaçons, ces distinctions sont peu importantes.

La puissance paternelle disparaissait quand le fils émigrait dans une colonie latine. Gaïus dit en effet : « olim
» quoque, quo tempore populus romanus in latinas re-
» giones colonias deducebat, qui *jussu* parentis in lati-
» nam coloniam transmigrabant, de potestate exibant ;
» desinebant enim cives romani esse, cum acciperentur
» alterius civitatis cives (2). » Le mot *jussu* soulève une difficulté. Veut-il signifier ordre ou seulement autorisation ? C'est le sens d'autorisation qu'il faut, je crois, admettre, car si c'était un ordre que le père donnait à son

---

(1) *V.* plus haut l'exception relative aux vestales.
(2) 1, § 131.

fils, le principe indiqué plus haut, que nul ne cesse malgré soi d'être citoyen romain, serait violé.

§ 2

Le père, à Rome, eut certainement le droit de vendre ses enfants. La loi des Douze Tables dit : « *Si pater ter filium venumdavit…* »

Sans doute l'enfant ne devait pas être vendu comme un meuble ou un esclave, mais il est difficile de préciser le caractère de cette vente. Quand les compilations justiniennes furent rédigées, elle n'était plus en usage, et, dès l'époque classique, on s'en servait uniquement comme moyen d'arriver à l'émancipation ou à l'adoption.

L'enfant mancipé par son père ne devenait pas esclave, cela est certain, et tombait simplement *in mancipio*.

Le *mancipium,* assez semblable à la *dominica potestas*, ne pouvait être établi que sur un fils ou une fille de famille, ou sur une femme *in manu*.

Lorsque le *mancipium* était sérieux, celui qui avait été mancipé se trouvait *loco servi* (1), et acquérait dorénavant pour le compte de l'acquéreur. L'affranchissement pouvait avoir lieu dans les formes ordinaires. Du reste, le mancipé ne perdait jamais sa qualité d'ingénu.

Les textes de l'époque classique nous montrent la mancipation de l'enfant accompagnée d'une vente réelle, admise en pratique comme conséquence de la misère des parents. Caracalla la déclara illicite et improbe, et Constantin la proscrivit en ne la permettant que pour les enfants qui viennent de naître.

(1) G. I, 123.

Sous Justinien, la mancipation a complètement disparu. Seule, la vente de l'enfant qui vient de naître reste permise, lorsqu'elle est motivée par la grande misère des parents.

§ 3

Une fille de famille qui, avec l'autorisation de son père, tombait *in manu*, était soustraite à la puissance paternelle.

La femme seule *in manum conveniebat*, et par trois modes différents : l'*usus*, la *conferreatio*, la *coemptio*.

Usus. — C'était un mode d'acquisition consacré par la loi des Douze Tables, et qui s'accomplissait par la possession d'une année. Pour empêcher l'accomplissement de cette usucapion, la femme devait déserter trois nuits de suite le domicile conjugal (1). Ces dispositions avaient disparu insensiblement longtemps avant l'époque de Gaïus.

Conferreatio. — La *conferreatio* était un sacrifice accompli par le grand pontife ou par le flamine de Jupiter devant six témoins. La femme tenait à la main un gâteau de froment, et des paroles solennelles étaient prononcées (2). Peut-être la *conferreatio* était-elle réservée aux patriciens seuls. Sous Tibère, une loi, dont parle Tacite (3), décida que la femme du flamine de Jupiter serait dorénavant soumise à la puissance de son mari en ce qui concerne le culte seulement, et par la suite, la *conferreatio* ne produisit plus la *manus* dans aucun cas (4).

(1) Aulu-Gelle, II, 2, § 12.
(2) G. I, 112.
(3) Ann. IV, 16.
(4) G., I, 136.

Coemptio. — La femme était mancipée au mari par son père. Cette mancipation était particulière, et différait de la mancipation ordinaire, car la femme, comme le *filius familias*, ne se trouvait jamais, « *in servilem conditionem* (1). »

En résumé, la femme sortant, au moment de son mariage, de la puissance de son père, était par rapport à son mari dans une situation identique à celle qu'elle avait auparavant par rapport à son père. Ainsi, devenue veuve, elle pouvait avoir pour tuteur un agnat de son mari.

§ 4

L'entrée de l'enfant dans une nouvelle famille était aussi une cause de dissolution de la *patria potestas* ; car l'adoption, tout en étant en principe productive d'une nouvelle puissance paternelle, éteignait aussi le pouvoir mis entre les mains du père naturel. L'adrogation elle-même produisait ce dernier effet, quand par exemple un citoyen était adrogé avec sa *familia*. Pour exercer la puissance paternelle, il faut en effet être *sui juris* ; or le *pater*, une fois l'adrogation faite, n'avait plus cette qualité.

Anciennement, le *pater* qui voulait donner son fils en adoption y parvenait au moyen de trois ventes successives. Quand la troisième mancipation avait été effectuée, le tiers acquéreur au lieu d'affranchir l'enfant, comme il l'avait déjà fait après la première et après la deuxième mancipation, le remancipait au père, qui alors l'avait *in mancipio*. Devant le magistrat, l'adoptant revendiquait

---

(1) G., 1, 113, 125.

l'enfant *in patriam potestatem*. Le père se taisait, et la demande était sanctionnée par le juge.

Il y avait aussi un autre moyen de consommer l'adoption, mais le passage de Gaïus qui l'indiquait n'a pas pu être déchiffré avec certitude.

L'adrogation eut ses formes modifiées plusieurs fois, suivant les époques : au début, elle était faite par une loi ; le collège des pontifes donnait son approbation, et ses membres étaient chargés d'examiner si l'adrogeant avait un âge assez avancé, si l'adrogation n'avait pas pour but une spéculation pécuniaire...., etc. Devant les Curies, l'adrogeant et l'adrogé manifestaient leur volonté, en réponse à l'interrogation qui était faite à chacun d'eux, probablement par le président des Comices, et enfin, la volonté des parties était consacrée par le peuple, qui aurait pu rejeter l'adrogation, même après l'approbation des Pontifes.

Depuis le règne de Dioclétien, l'adrogation reçut, après l'enquête faite par les magistrats, sa valeur légale : « *principali rescripto vel auctoritate imperatoris.* »

Pour l'adoption proprement dite, il suffisait, sous Justinien, que les parties se présentassent devant le magistrat dans le but de déclarer leur volonté.

Il serait trop long d'énumérer les différences bien tranchées qui séparent l'adrogation et l'adoption (1). Je dois étudier, au contraire, quelques règles qui intéressent mon sujet.

L'adopté se trouve, par rapport à l'adoptant, dans la

---

(1) « Adoptantur autem cum a parente, in cujus potestate sunt, tertia mancipatione in jure ceduntur, atque ab eo qui adoptat apud eum, apud quem legis actio est, vindicantur; adrogantur hi, qui, cum sui juris sunt, in alienam sese potestatem ejusque rei ipsi auctores fiunt. » Aulu-G., V, 18.

même situation qu'un fils en puissance de son père. Il lui emprunte son nom, fait complètement partie de sa famille adoptive, et perd enfin tous les droits qu'il avait dans sa famille naturelle.

L'adopté, qui peut acquérir par l'adoption une situation supérieure à celle qu'il avait dans sa famille, ne saurait valablement se trouver dans une situation moindre. Telle est la règle! Fut-elle toujours appliquée? Il est permis d'en douter, puisque le patricien Clodius, qui désirait devenir tribun du peuple, se fit adopter par un plébéien, et resta lui-même plébéien après avoir été émancipé.

Lorsque l'adrogé passait sous la puissance de l'adrogeant, ses enfants nés ou conçus suivaient sa condition, et restaient sous la puissance de l'adrogeant, même quand leur père en était libéré.

S'il s'agissait d'une adoption, la règle était différente, et les enfants dont la conception était postérieure à l'adoption étaient seuls sous la puissance de l'adoptant.

Ces règles furent profondément modifiées sous Justinien, l'adoption faite par un étranger ne transféra plus la puissance paternelle, excepté dans un cas que j'indiquerai plus loin. L'adopté restait sous la puissance de son père naturel, et avait des droits à la succession *ab intestat* de celui qui l'avait adopté. Justinien voulut modifier la situation fâcheuse qui était faite à l'adopté, car si *durante adoptione* le père naturel mourait, et si ensuite l'adoptant émancipait le fils adoptif, les droits conférés à ce dernier par le préteur devenaient inutiles, et il n'avait rien à prétendre ni dans l'une, ni dans l'autre succession.

Dans ce système, l'adoption faite par un ascendant lui

conférait la puissance paternelle. Si l'on suppose que l'adoptant est un ascendant paternel, on comprendra très bien pourquoi les effets de l'adoption doivent se produire, puisque l'adopté aura toujours *jure prætorio*, quand même l'adoption aurait été dissoute, des droits à la succession de l'adoptant (1). Quand l'adoption est faite par un ascendant maternel, les raisons qui guidèrent Justinien ne s'aperçoivent plus : l'adopté n'a plus aucun droit à la succession de son père naturel. Il est vrai que s'il est émancipé, il les recouvrera d'après le droit prétorien, mais si le père est mort *durante adoptione*, il ne reste à l'adopté que la vocation à la succession de l'ascendant maternel à laquelle il sera appelé seulement à défaut de descendants *per masculos* (2). En 543, le système successoral en vigueur à Rome disparut; les liens du sang furent seuls pris en considération sans qu'il y eût à distinguer entre les différents descendants d'un même auteur, et l'inconvénient, signalé par les jurisconsultes dans l'hypothèse précédente, n'eut plus aucune importance (3).

Lorsque l'adoption faite par un étranger s'appliquait à un petit enfant en puissance de son aïeul, et dont le père était encore *in familia*, la puissance n'était pas donnée à l'adoptant si le père mourait avant l'aïeul, et l'adopté succédait à son aïeul. Si l'aïeul mourait avant le père, l'adoptant était investi de la puissance paternelle, sans doute parce que le petit-fils, fût-il resté dans la famille, n'aurait eu aucun droit à la succession de l'aïeul. Si, en

---

(1) D., XXXVII, IV, fr. 3, § 6. — *Ibid.*, fr. 21, § 1.
(2) Certains interprètes ont donné une explication qui n'est pas suffisante en disant que l'ascendant maternel n'émancipera pas étourdiment l'adopté.
(3) *Nov.* 118.

effet, il est émancipé plus tard, et si de cette façon il perd sa vocation à la succession de son père adoptif, il viendra au moins à la succession de son père naturel (1).

§ 5. — *Abandon noxal.*

Quand un esclave avait commis un vol, un rapt, une injure, ou tout autre délit, suivant le cas une action était donnée contre le maître, et une alternative était mise dans la condamnation, *aut noxæ dedere;* l'action devenait noxale. Le maître pouvait alors, à son choix, subir la condamnation, ou abandonner l'auteur du délit à celui qui en avait été la victime.

Dans l'ancien droit, l'action noxale s'appliquait aussi bien au fils de famille qu'à l'esclave (2). Insensiblement, on arriva à s'en servir contre les esclaves seuls.

Le fils qui était abandonné noxalement se trouvait dans l'obligation *servire actori. Non fit tamen conditio servilis* (3). Lorsque le demandeur avait été, par la possession de cet homme libre, indemnisé du dommage dont il avait souffert, il devait l'émanciper (4). La fin du texte qui énonce cette règle, *sed fiduciæ judicio non tenetur,* est interprétée par Pothier en ce sens que si celui auquel a été fait l'abandon noxal doit, à un certain moment, émanciper le fils qui lui a été abandonné, c'est forcé par le préteur, devant

---

(1) Ainsi que le fait remarquer M. Accarias, cette décision est imprévoyante, car le père, après avoir survécu à l'aïeul, peut mourir pendant l'adoption, et si plus tard l'adopté est émancipé, il sera frustré dans les deux successions.
G., VIII, XLVIII, 10, § 4.
(2) J., IV, VIII, § 7. « ... Veteres quidem hæc et in filiis familias masculis et femineis admirare... »
(3) Quintilien, *Inst. or.*, 7, cité par Pothier.
(4) Pap., *Ap. coll. leg. mos.*, t. II, § 3.

lequel on agira par une action *extra ordinem*, et non en vertu d'un contrat de fiducie (1).

Le père qui donnait son fils *in mancipio ex noxali causa* le pouvait faire par une seule mancipation. Gaïus, du moins, nous apprend que c'était l'avis de Sabinus, de Cassius et de leur école (2).

Le père évitait donc de payer l'estimation du litige, mais il perdait la puissance paternelle d'une façon définitive.

Ce tabandon noxal des fils de famille, déjà tombé en désuétude, fut supprimé pour les filles par Constantin, et pour les fils par Justinien. La partie lésée ne se trouvait pas pour cela privée de tout recours, car, sans attendre que l'enfant fût devenu *sui juris*, elle pouvait le poursuivre immédiatement par l'action même du délit, et agir ensuite contre le père par l'action *judicati de peculio*.

---

(1) « Hic mihi videtur esse hujus loci aliàs subobscuri sensus. Alii aliter explicant. » *Pandectes*. IX, t. IV, art. IV.

(2) G., IV, 79. « Cum autem filius familias ex noxali causa mancipio datur, diversæ scholæ auctores putant ter eum mancipio dari debere..... Sabinus et Cassius ceterique nostræ scholæ auctores, sufficere unam mancipationem...; crediderunt enim tres lege XII Tabularum ad voluntarias mancipationes pertinere. »

Ces renseignements donnés par Gaïus n'ont pas éclairci la question d'une façon définitive, car l'on peut se demander pourquoi trois mancipations étaient nécessaires pour mettre fin à la puissance paternelle en cas de cession volontaire, alors qu'une seule était suffisante s'il s'agissait d'un abandon noxal!

CHAPITRE II

DE L'ÉMANCIPATION

Dans la loi française, l'émancipation affranchit le mineur de la puissance paternelle et aussi de la tutelle, s'il se trouve soumis à toutes les deux en même temps. Cette règle était celle de l'ancien droit coutumier, et, dans quelques provinces seulement, on distinguait deux émancipations : une qui éteignait la puissance paternelle, l'autre qui mettait fin à la tutelle.

A Rome, au contraire, l'émancipation ne produisit jamais qu'un seul effet : elle transformait le *filius* en *pater familias* au moyen de certaines formes juridiques accomplies par le père, et loin de libérer de la tutelle, elle lui donnait naissance quand l'émancipé était impubère.

J'examinerai : 1° Les conditions nécessaires suivant les époques pour que l'émancipation soit valable ;

2° Les effets produits suivant les divers points de vue auxquels on doit se placer, et enfin, en appendice :

3° La révocation de l'émancipation.

PREMIÈRE PARTIE

FORMES ET CONDITIONS DE L'ÉMANCIPATION

I

FORMES

§ 1. — *Formes anciennes.*

Sous la loi des Douze Tables, il n'y avait pas un mode de libération direct faisant pour le fils ce que l'affranchissement faisait pour l'esclave. On chercha seulement, quand on eut compris que l'enfant, une fois arrivé à l'âge d'homme, devait, dans certains cas, pouvoir vivre d'une vie qui lui fût propre, à instituer non pas une règle générale en vertu de laquelle le fils aurait été libéré de plein droit, à un âge déterminé, de la puissance paternelle, mais au moins à mettre entre les mains du *pater* un moyen de rendre son fils *sui juris*.

Le fils vendu trois fois par son père était libéré de la puissance paternelle. « Si pater ter filium ve- » numdavit, filius a patre liber esto (1). » Des termes de la loi employant le mot « fils », les jurisconsultes conclurent que, pour une fille ou pour un petit-fils, une seule vente était suffisante (2). Au début, les termes de

---

(1) Gaïus, I, 132. Ulp., *Reg.*, X, § 1.
C'est le seul fragment de la quatrième table qui nous soit parvenu. La loi qu'il contient est attribuée à Romulus par Denys d'Halicarnasse.
(2) Ulp., *Reg.*, X, § 1.

la loi furent sans doute pris à la lettre, et plus tard les mancipations devinrent fictives (1). La vente du fils le plaçait donc à l'origine dans un *mancipium* sérieux. Une seule restriction avait été apportée par Numa à la faculté de vendre : le père ne pouvait pas vendre le fils qui s'était marié en se conformant à sa volonté : « Si pater permiserit
» filio uxorem ducere quæ ex legibus particeps sit et
» sacrorum et bonorum patri post hac nullum jus esto
» vendendi filium (2). » Cette loi n'empêchait pas, il faut le croire, l'émancipation. Bien qu'alors la vente fût faite sérieusement, si par hasard le père voulait produire la dissolution de sa puissance, le fils pouvait se laisser vendre et se trouver ensuite n'avoir, avec son père, que des rapports excluant toute idée de puissance. Le progrès des mœurs rendit probablement inutile la loi de Numa dont il n'est plus question à l'époque de la loi des Douze Tables. Alors, pour que l'émancipation eût lieu, il fallait tout d'abord une mancipation du fils, faite par le père à un tiers. Qu'entendait-on par mancipation et quelle est la définition des *res mancipi*? Les commentaires de Gaïus fournissent un renseignement important, puisque, par eux, l'on sait que la loi des Douze Tables reconnaissait la division des choses en *res mancipi* et en *res nec mancipi* (3). Des auteurs ont pu même conjecturer

---

(1) Denys d'Halicarnasse, L. II, ant. c. iv.
V. cependant J., l. 1, t. XII, § 6 ; Pothier, *De ad. et em.*, n° 36 et la note.
Le *mancipium* auquel se trouvait soumis le fils qui était vendu prenait fin à l'expiration de chaque lustre (Von Ihering), et alors la puissance paternelle revivait. Le père aurait donc pu vendre son fils tous les cinq ans. Pour ce motif, trois ventes seulement lui étaient permises.
Dans le droit mosaïque, on trouve une disposition analogue : L'Hébreu qui s'était vendu comme domestique devenait libre après sept ans.
(2) V. Sigonius, *De antiq. juris civ. rom.*; Scheltinga, *Diss. de emancipationibus*.
(3) G., c. II, § 47 : « Item mulieres quæ in agnatorum tutela res mancipi

que cette classification datait de l'époque des réformes accomplies par Servius Tullius. Les *res mancipi* ne sont pas définies par les jurisconsultes qui, après les avoir énumérées (1), sans indiquer un caractère qui leur soit commun, se contentent d'ajouter que toutes les autres choses sont *nec mancipi*.

On s'est bien souvent demandé pourquoi les Romains firent cette classification. Cette discussion est trop étrangère à mon sujet pour que je puisse la produire. On a pu toutefois s'accorder sur ce point, que parmi les choses *mancipi*, figure ce qui devait paraître le plus précieux à un peuple adonné aux travaux des champs.

La mancipation transférait, indépendamment de toute tradition, la propriété des *res mancipi*. Elle était applicable aux enfants *in potestate*, et aux femmes *in manu* (2). « Omnes igitur liberorum personæ, sive masculini, sive » feminini sexus, quæ in potestate parentis sunt, man» cipari possunt.» Il est à remarquer que, dans des textes très nombreux, *emancipare* et *mancipare* sont employés comme synonimes dans le sens de *manu tradere* (3). La mancipation se faisait *per æs et libram* et constituait une aliénation solennelle devant cinq témoins, un *libripens*, et un

---

usucapi non poterant præterquam si ab ipsa tutore auctore traditæ essent, idque ita lege XII Tabularum cautum erat... »

(1) « Mancipi res sunt prædia in Italico solo, tam rustica, qualis est fundus, quam urbana, qualis est domus; item jura prædiorum rusticorum, velut via, iter, actus, aquæductus; item servi et quadrupedes quæ dorso collove domantur, velut boves, muli, equi, asini; cœteræ res nec mancipi sunt. (Ulp., XIX, I.)

(2) Gaïus (I, 111) semble en effet assimiler presque complètement la femme *in manu* à la fille.

(3) Emancipare familiam (Ulp., XX, § 13); familiæ mancipatio (*Ibid.*, § 3-9, et XXVIII, § 6). Emancipare agros prædia (Plin. J. Epist X. 3). V. Val. Max., VIII, 6. Cicéron, *De finibus* VII.

antestatus dont le rôle n'a pas encore pu être défini. Le père disait au tiers : « Mancupo tibi hunc hominem qui meus » est. » Et l'acheteur répondait : « Hunc ego hominem » ex jure Quiritium meum esse aio, isque mihi emptus est » hoc ære æneaque libra », et en même temps il posait dans la balance le métal représentant le prix de la vente. Dès un temps fort reculé, ce n'était pas le prix lui-même, mais sa représentation symbolique (1) que donnait l'acheteur. Nous avons vu plus haut quelle était la situation de l'enfant qui, par la vente, tombait *in mancipio*.

Le *mancipium* prenait fin par les modes ordinaires d'affranchissement. Gaïus parle seulement de la vindicte, parce que ce mode était toujours à la disposition des parties. Le maître amenait le mancipé devant le magistrat, et l'*adsertor libertatis* revendiquait la liberté. Cette cérémonie relevait de la juridiction gracieuse, et le magistrat sanctionnait uniquement la volonté des parties. Quand le *mancipium* fut devenu une simple fiction, le magistrat pouvait même présider à sa propre émancipation (2).

La mancipation, qui était un *actus legitimus*, ne pouvait recevoir, sans devenir nulle, ni terme ni condition (3). Ces modalités pouvaient, si elles étaient tacites, laisser subsis-

---

(1) Les Romains, avant d'employer des monnaies marquées d'une empreinte, se servaient de métal, le plus souvent d'airain en masse, qui s'appelait *raudus* ou encore *raudusculum*. Les balances qui servaient à déterminer la valeur du métal continuèrent à figurer dans les solennités de la mancipation, alors même qu'elles n'eurent plus aucune utilité.

(2) D., I. VII, fr. 3, 4 ; l. XIV. fr. 2 ; I. XVIII, fr. 2.

(3) D., L. XVII, fr. 77. « Actus legitimi qui non recipiunt diem vel conditionem, veluti emancipatio, acceptilatio..... in totum vitiantur per temporis vel conditionis adjectionem..... »

- sister l'acte, mais elles n'étaient pas exécutées. Les anciens Romains ne comprenaient pas que l'extinction d'un droit pût être réglé dès le moment de sa création (1).

En pratique, il paraissait anormal de voir entre les mains d'un étranger, qui, après avoir acquis le fils, l'affranchissait, les droits de *manumissor*, au détriment du père. Ce résultat fut évité au moyen d'un pacte de fiducie (2). Les jurisconsultes n'en parlent pas probablement parce que, le *mancipium* étant devenu une simple formalité, les trois mancipations se faisaient sans intervalle, et il était inutile d'indiquer la clause de fiducie qui était connue du tiers.

Quand le père voulait être tuteur, à la troisième mancipation pour les fils, à la première pour les autres descendants, l'acquéreur promettait de remanciper l'enfant au père (3). Des auteurs ont cru trouver, dans certains passages de Cicéron (4), les paroles qui devaient être adressées au fiduciaire par le père pendant la troisième mancipation : « Ego vero hunc filium meum tibi mancupo » ea conditione ut mihi remancipes, ut inter bonos bene » agier opportet, ne propter te tuamque fidem frauder. » L'enfant ne pouvait donc pas être affranchi par l'acquéreur ; il était remancipé au père qui se trouvait ainsi l'avoir *in mancipio*, l'affranchissait et devenait tuteur légitime.

Quand le tiers devait rester tuteur, le pacte de fiducie

---

(1) Frag. Vat., § 283; C., VI, 37, 1. 26.
(2) C. p. r. Gaius, I, 115; Ulp. Reg. XI, 5.
(3) G., I, 140 « ..... Quem pater ea lege dedit mancipio ut sibi *remancipetur.* »
(4) Cic., *De officiis*, III, 15. V. Terasson, *Hist. de la jurisp. rom.* (1750).

avait un autre but : il obligeait ce tiers à affranchir l'enfant après la troisième vente, et alors la tutelle fiduciaire prenait naissance à son profit.

§ 2. — *Formes de l'émancipation à l'époque classique sous Anastase et sous Justinien.*

Avec le temps, les formes solennelles de l'émancipation perdirent le sens et la portée qu'elles avaient à l'origine. Le droit de vendre les enfants avait été restreint, et si la mancipation est restée en usage jusqu'à Justinien, elle n'avait qu'un but : la dissolution de la *patria potestas* (1). La vente était imaginaire, et le *mancipium* une simple fiction.

L'intervention d'un magistrat fut toujours nécessaire. Aux consuls succéda le préteur, et enfin on put s'adresser à tout magisirat *apud quem legis actio est* (2). A Rome, le préfet de la ville, le préfet du prétoire avaient cette juridiction. Dans les provinces, elle était exercée par les proconsuls, et dans les municipes, par les magistrats municipaux (*decemviri*, *duumviri*).

Au point de vue du droit, les modifications que je viens d'exposer n'avaient pas une grande portée. Cet état de choses subsista, sans que les formes primitives disparussent, jusqu'à l'époque d'Anastase.

Pour que l'émancipation pût avoir lieu, la présence de toutes les personnes qui devaient y prendre part était nécessaire (3). L'empereur Anastase créa l'émancipation

---

(1) Il en était ainsi dès l'époque de Gaius, I, 118.
(2) D., I, VIII, fr. 4. P. Sent., II, 25, § 4. D., I, XVIII, fr. 2.
(3) G., I, 121.

qui porte son nom (1). Une demande adressée à l'empereur devint alors suffisante, et l'émancipation était faite entre absents. L'enfant manifestait son consentement auprès d'un magistrat, soit avant, soit après le rescrit, et l'émancipation était dès lors valablement faite. Puisque ce consentement était valable, donné avant ou après l'acte par lequel le père manifestait son désir de rendre son enfant *sui juris*, il faut admettre par *a fortiori* que l'émancipation anastasienne était applicable aux présents aussi bien qu'aux absents. Du reste, une première constitution d'Anastase, antérieure à celle dont nous venons parler, a pu exister. Justinien ne l'a pas insérée dans le code, et cependant il admettait l'existence d'une nouvelle forme d'émancipation. Dans plusieurs textes, il renvoie à la *lex Anastasiana* (2), et rien ne montre qu'il lui donne un sens restreint. Un autre argument peut être apporté : La loi 2, au code *de legitimis heredibus*, et la loi 18, *de collationibus*, font allusion à l'émancipation anastasienne; or, la constitution d'Anastase que nous avons dut être promulguée quelques jours après les constitutions auxquelles appartiennent ces deux lois.

Justinien abrogea formellement les anciennes formes (3), ce qui montre qu'Anastase les avait laissé subsister parallèlement aux nouvelles qu'il avait organisées (4). Leur accomplissement avait peut-être été rendu plus facile; c'est du moins ce que peuvent faire croire les termes de la loi 23, au *Digeste, De manumissis vindicta* :

(1) C, VIII, 49, 5.
(2) J., I, XII, 6. V. aussi C., VIII, XLVIII, 6; VI, XLIII, II.
(3) « ..... Quorum nullus rationabilis invenitur exitus..... »; C., VIII, 49, 6.
(4) La loi 5 C. *de emanc. liber.* dit simplement « ... Jubemus licere... » Le *Digeste* fait aussi mention de ces anciennes formes. D, IV, fr. 381.

« manumissio per lictores hodiè, domino tacente, expediri
» solet, et verba solemnia, licet non dicantur, ut dicta
» accipiuntur ».

Une simple déclaration devant le magistrat est suffisante sous Justinien. Suivant Harminopule, la formule était ainsi conçue : « Hunc sui juris esse patior, meaque manumitto. »

Les anciennes solennités étaient réputées intervenues, et les effets étaient les mêmes. Ainsi le père était toujours considéré comme *manumissor*. Cette identité d'effets explique l'insertion au *Digeste* des fragments écrits par les anciens jurisconsultes sur les résultats de l'émancipation (1).

Devant le magistrat, la présence de l'enfant qui allait être émancipé était nécessaire. Les textes sont, il est vrai, muets sur ce point, mais la *novelle* LXXXIX, c. xi, exige le consentement de l'enfant; il fallait donc qu'il fût présent. On trouve, dans les règles de l'adoption (2), une raison de décider par analogie.

L'émancipation par rescrit du prince ne fut pas supprimée par Justinien, et les deux nouvelles formes, en vigueur dans le dernier état du droit romain, reçurent une application semblable, quelle que fût la personne qui devait être émancipée, sans distinguer entre les fils, les petits-fils ou les filles.

(1) D., XIV, VI, fr. 3, § 4 ; XXVIII, XII....., etc.
(2) Sous Justinien. C., VIII, 48, II.

II

CONDITIONS DE FOND.

§ 1. — *Preuve et validité de l'émancipation.*

Les formes de l'émancipation furent donc profondément modifiées. Néanmoins, la solennité du consentement subsista toujours. Sans elle, la simple volonté du père n'aurait pas pu rendre l'enfant *sui juris* (1). Il y avait là une condition essentielle.

La validité de l'émancipation se prouvait par les moyens ordinaires. Anciennement, la preuve testimoniale, faite par les citoyens qui avaient assisté aux mancipations, dut être souvent employée. Plus tard, le rescrit lui-même, l'insinuation qui en était faite, ou la déclaration du père, fournissaient des preuves faciles à produire.

A qui incombe le soin de faire la preuve? La règle ordinaire conserve ici toute sa valeur. *Ei incumbit probatio qui dicit, non qui negat* (2). Si le père prétend que l'émancipation n'existe pas, il devra le prouver; de même, le fils qui se prétend libéré de la puissance paternelle devra prouver sa prétention. Dans les questions d'état, la présomption principale est tirée de l'état dont jouit actuellement la personne dont il s'agit. Il ne faut pas croire que la loi 8, D., *De probationibus et præsumptionibus* met toujours la preuve à la charge du fils qui prétend ne plus être en puissance. S'il en était ainsi, il faudrait voir une exception dans le paragraphe I, l. 5, eod tit.,

---

(1) « Non modo consensu patria liberi potestate, sed actu solemni..... liberantur ». C., VIII, 48, 3.
(2) D., XXII, III, fr. 2.

qui suppose une contestation juridique sur une émancipation réellement faite. « Idem (Paulus) respondit, si quis
» negat emancipationem recte factam, probationem
» ipsum præstare debet. » Dans ce texte, Paul ajoute
que le fils doit être entendu le premier devant le préteur,
« quia et pro pietate quam patri debet præstare, hoc
» statuendum est. » Cette raison ne signifie rien ; c'est à
la fin de la loi qu'on trouve le véritable motif de la règle
posée... « et quia se liberum esse quodam modo con-
» tendit ». De même, à propos de l'affranchissement,
Ulpien, après avoir dit qu'un jugement préalable est nécessaire quand il s'agit de savoir si une personne est affranchie, pose le principe suivant : si, dans le jugement préalable, l'un affirme sa qualité de patron, l'autre sa qualité
d'ingénu, « actoris partibus semper qui se patronum
» dicit, fungitur, probareque libertum suum, necesse
» habet; aut si non probet, vincitur (1). » Or, cette loi est
ainsi interprétée : la règle qu'elle énonce sera appliquée
si celui qui prétend avoir affranchi n'est pas en possession
des droits de patronage. S'il en est autrement, c'est à celui
qui se prétend ingénu de faire la preuve (2). La solution
sera identique si la puissance du père est en question.
La comparaison de la loi 8, D., *De prob.* avec les lois 25
princ. *De adopt. et em.*, et au Code *De patria potestate*, ne
peut laisser aucun doute.

En dehors de la question de preuve, il n'est pas sans
intérêt de savoir qui sera demandeur et qui sera
défendeur. Le fils ne pouvait agir en justice contre son
père sans l'autorisation du préteur (3). C'était une ques-

---

(1) D., XL, XIV, fr. 6.
(2) V. fr. 7, § 5, *de libert. causa*, et 14, *de probat.*
(3) D., II, IV, fr. 4. La loi 3, C. *De in jus vocandi* refuse même com-

— 38 —

tion préalable à faire décider quand il était *actor*, et l'autorisation seule rendait sa demande recevable en la forme.

Le juge statuait ensuite sur le fond. Supposons d'abord une émancipation accomplie ; le père ne pourra pas se prévaloir de ce que les formes régulières n'ont pas été observées (1).

Supposons maintenant qu'il n'y a aucune trace d'émancipation : l'enfant pourra être déclaré *sui juris* quand il a vécu longtemps à la connaissance du père comme s'il l'avait été réellement ; par exemple s'il y a eu des tuteurs nommés pour administrer son patrimoine (2). Faut-il donc croire à l'existence de l'émancipation tacite? Je ne le pense pas, malgré l'avis contraire de Cujas (3). Le silence du père fait supposer l'existence d'une émancipation valable, et l'émancipation, aussi bien sous Justinien qu'à l'époque classique, fut toujours un acte solennel. On peut discuter la question de preuve, mais le consentement du père dut, dans tous les cas, être manifesté d'une façon certaine.

Plus tard, une constitution de l'empereur Léon dérogea complètement à ce système en décidant que la puissance paternelle pourrait être éteinte par une sorte de prescription libératoire (4).

plètement ce droit à l'enfant *in potestate patris*, qui n'a pas de patrimoine. Il fallait donc qu'il fût émancipé, pour cette raison on dut faire exception à la règle générale, et permettre à l'enfant de prouver son émancipation avant l'institution des pécules.

(1) D., I, VII, fr. 25 pr. « Adversus factum suum, quasi non jure eam nec præsentibus testibus emancipasset pater movere controversiam prohibetur ».

(2) C., VIII, 47, l. 1.

(3) *In tit.* XXI, lib. III, Cod. « Tacita emancipatio recepta est constitutionibus, l. I, inf. de pat. potest., l. post mortem, 25, *de adopt.* »

(4) « Nos etiam hoc annectimus, ut, si ad vitam tantum suo arbi-

§ 2. — *Quelles personnes peuvent figurer dans l'émancipation et y consentir?*

Les rôles joués par le père, l'enfant et l'*emptor*, ont été définis. Quelle était l'importance de la volonté manifestée par chacun d'eux, et quels étaient ceux qui pouvaient figurer dans l'émancipation? Telles sont les deux questions auxquelles je dois répondre.

Le *pater* est celui qui n'a pas d'ascendants au point de vue civil (1). Son âge est indifférent. Il a un patrimoine et une personnalité juridique qui lui sont propres. Sur tous ses descendants, il conserve la *potestas* sans aucun contrôle au début, et, s'il veut donner à l'un de ses descendants la qualité de *pater familias*, il l'émancipe. Les règles absolues de la *patria potestas* ne pouvaient pas permettre à un fils de rompre, par sa seule volonté, la société constituée entre les membres de la *familia*. Le *pater* seul avait ce droit, sans pouvoir, en principe, être contraint d'en user. Cependant, des pères s'étant rendus coupables d'abus graves dans l'exercice de leur autorité, l'obligation d'émanciper leur fut imposée. A propos de l'adrogation de l'impubère, un simple préjudice causé à l'enfant fut même pris en considération. Pendant longtemps, les im-

---

trio regendam constitutus filius videatur sive id verbis ejus cujus sub potestate degit, concessum fuerit, sive verbis quidem factum non sit..... sed consensu tacito et filio vitæ rationis separatim instituenti non adversante .. jus tamen liberi arbitrii ratum illi sit. »

Suivant Cujas, *Obs.* XVII, 31. Cette constitution ne reçut jamais d'application.

(1) A aucune époque, on ne prit en considération, pour la constitution de la famille civile, la descendance par les femmes, qui ne pouvaient pas avoir la puissance paternelle. La cognation créait seulement des empêchements au mariage.

pubères *sui juris* ne purent pas être adrogés. D'abord, il ne leur était pas possible de figurer dans les comices, et ensuite, leur tuteur aurait donné trop facilement son autorisation à une adrogation qui le déchargeait du fardeau de la tutelle. Des spéculations peu avouables étaient donc à craindre. Les Curies furent remplacées par les licteurs, et l'adrogation, devenue possible au point de vue de la forme, pouvait, quelquefois, servir les intérêts du mineur : si, par exemple, il était pauvre, et que l'adrogeant était riche. Antonin le Pieux la permit donc en l'entourant de précautions. Et si, au moment de sa puberté, l'impubère est encore sous la puissance de l'adrogeant, il peut demander son émancipation en prouvant que l'adrogation ne lui a pas été avantageuse (1). Le magistrat examine la demande, et sa décision, si elle est favorable, replace l'adrogé dans sa condition antérieure, en lui rendant tous ses biens.

L'action mise entre les mains de l'impubère devait, sans doute, suivant la règle générale (2), être intentée dans le délai d'une année.

L'exception était rigoureusement restreinte au seul cas que j'ai indiqué. Dans toute autre hypothèse, les liens qui unissaient le père et l'enfant adoptif, comme ceux qui unissaient le fils naturel à sa famille, ne pouvaient pas être dissous sans le consentement du père.

Néanmoins, une hypothèse dans laquelle la *patria potestas* n'était pas absolue est donnée par Marcien et Ulpien (3).

---

(1) Le mineur de 25 ans pouvait obtenir l'*in integrum restitutio*, mais pour cela il fallait prouver une lésion pécuniaire. L'impubère, au contraire, réclame son émancipation alors qu'il a éprouvé un simple préjudice moral.

(2) Applicable aux actions prétoriennes. J., IV, XII, *pr*.

(3) XXX, fr. 114, § 8 ; XXXV, fr. 92.

La question se pose ainsi : un testateur peut-il imposer à un héritier ou à un légataire l'obligation d'émanciper les enfants cités dans le testament ?

Les textes prévoient seulement l'espèce dans laquelle il y a un legs, ou une institution accompagnée d'un *fidéicommis* d'émancipation. Ulpien, rapportant l'avis de Papinien, montre que ce *fidéicommis* n'était pas obligatoire par soi-même (1). Le père pouvait répudier le legs, le *fidéicommis* subsistait seul et il n'avait aucun effet.

Si le père accepte le legs, que décider ? « Sed, si liberos » suos emancipare rogatus fuerit, non cogitur hoc facere; » potestas enim patria inestimabilis est (2). » Marcien semble donc considérer l'institution ou le legs comme le prix de la puissance paternelle. Ce point de vue n'est pas exact. Un père ne peut pas, malgré soi, être dépouillé de son autorité ; tel est le principe. S'il accepte un legs fait avec la condition qu'il émancipera son fils, il y a, dans cette acceptation, une adhésion au désir manifesté par le testateur. Ulpien a dit : « neque enim debet circumveniri » testantium voluntas. » Il y aura lieu à une *cognitio extraordinaria*, et le magistrat pourra contraindre le père à faire l'émancipation (3). Le même jurisconsulte cite aussi un rescrit de Sévère qui décide dans le même sens, et donne aux *fidéicommis* une portée très étendue, puisque, suivant lui, en interprétant la volonté du testateur dans

---

(1) « ..... neque enim prætor fideicommissarius eos ad libertatem tuetur, ut servos. Papinianum quoque libro nono Responsorum scribere referebam, non esse cogendum emancipare filios suos.... » D., XXXV, 1, fr. 92.

(2) D., XXX, fr. 114, § 8.

(3) « Arbitror tamen extra ordinem debere constitui, eum, qui agnovit id, quod sibi relictum est hac contemplatione, ut liberos suos emanciparet, cogendum emancipare, neque enim debet....., etc. D., XXXV, 1, 92.

l'intérêt des enfants, non seulement le père institué devra émanciper ses enfants, mais encore leur restitutuer l'hérédité (1).

L'émancipation ne fut jamais forcée. Le père était libre d'accepter ou de refuser la libéralité. Après l'acceptation, venait alors s'imposer à lui l'obligation d'accomplir la condition du legs ou de l'institution.

La nécessité, pour le père, d'émanciper, malgré soi, son fils, devait cependant être un jour consacrée dans les lois de Rome. On reconnut que le pouvoir du père, qui devait être rigoureux, ne devait pas être tyrannique, et le père qui maltraita son enfant dut le mettre hors de sa puissance. Ces nouvelles règles furent appliquées par les constitutions impériales.

J'ai déjà dit que Trajan força un père à émanciper l'enfant « quem... malè contra pietatem afficiebat ». Il lui refusa même, sur le conseil d'Adrien et de Miratius, les droits qu'il aurait dû avoir comme *manumissor* à la succession de ce fils (2).

Valentinien et Théodose décidèrent que les filles ou les fils livrés à la prostitution par leurs parents pourraient se plaindre à l'évêque. Le père perdait son autorité, et était, en outre, condamné à d'autres peines.

Tels sont, en réalité, les deux seuls cas d'émancipation forcée. Car si le fils flamine de Jupiter ou l'enfant dont le père avait contracté une mariage incestueux

---

(1) Presque toujours en effet, dans les legs faits sous condition d'émancipation, la disposition au profit du père avait pour but d'assurer l'exécution de la disposition faite en faveur des enfants. Voilà pourquoi les jurisconsultes, par une interprétation extensive de l'institution, sous-entendaient un *fidéicommis* de restitution.

(2) D., XXXVII, XII, fr. 5.

étaient *sui juris*, ce n'était point l'émancipation qui produisait ce résultat.

Quand le père refusait de procéder à l'émancipation, et qu'une contestation avait lieu, on ne pouvait pas le contraindre. Le magistrat appelait devant son tribunal en audience régulière, car ici le procès n'était pas fictif, le père et le fils. La sentence rendue avait les effets de l'émancipation. C'était une sorte de *causa liberalis*. Si le père ne se présentait pas, la sentence était rendue comme en matière de liberté fidéicommissaire, et l'enfant devenait *sui juris* (1). La loi citée plus haut (92, *De cond. et demonst.*) n'est pas opposée à cette solution; « neque » enim prætor fideicommissarius eos ad libertatem tuetur » ut servos..... ». Elle se réfère à la question de savoir si le fils a un droit valable. Or, dans notre hypothèse, le fils est devant le préteur, et on recherche uniquement comment il pourra exercer un droit certain.

La nécessité du consentement du père est toujours exigée, en règle générale ; et dans les deux cas précédents, l'émancipation doit, en principe, intervenir (2). Le pouvoir donné au préteur n'est qu'un moyen de triompher du mauvais vouloir du père.

Le consentement du père, qui était indispensable, était aussi suffisant. Il n'y avait pas à rechercher à quelles personnes devait échoir un jour la puissance paternelle. Le petit-fils, comme le fils, pouvait être fait *sui juris*, sans le consentement des ascendants autres que le *pater*.

---

(1) D., XL, V, fr. 26, § 7, 30, § 3.
(2) Ulpien le suppose puisqu'il dit : *coegit emancipare*, fr. 5; D., *si a par. quem man.*
Et dans le second cas, l'ensemble du texte de la Constitution de Théodose et de Valentinien exprime la même idée. C. Th., 1. 2 *de lenon.* C., I, 4, 1. 12; C., XI, 41, 1. 6.

L'enfant, qui participait au patrimoine *commun* de la *familia*, ne pouvait pas en être privé malgré lui, et il était nécessaire qu'il acceptât l'émancipation. Telle est la solution admise, au moins à l'époque classique, et dont l'existence est constatée par les jurisconsultes. Peut-être, suivant l'opinion de Scheltinga, le père put-il, dans les premiers temps de Rome, émanciper ses enfants contre leur volonté. Sans doute, en faisant allusion avec cet auteur au *jus vitæ necisque*, on peut dire : qui peut le plus peut le moins. Cependant, il est peut-être plus exact de chercher dans la façon dont avait lieu l'application des règles posées par la loi des Douze Tables l'explication du droit absolu qu'aurait eu le père. L'enfant pouvait être vendu et, après les trois ventes, il était affranchi sans que sa volonté eût pu, au point de vue légal, trouver l'occasion de s'exprimer.

Anastase exigea de celui qui était émancipé au moyen du nouveau mode qu'il créait un consentement donné par acte antérieur, ou postérieur, et insinué ensuite devant le magistrat (1). Le principe, du reste, était auparavant loin d'être absolu. Quand le fils était *infans*, son silence emportait son consentement, et d'une façon générale, si l'enfant gardait le silence, il était censé consentir (2).

(1) Justinien ne fait pas mention de cette règle dans la loi 6, C., *de emanc.*, mais il la signale dans la *nov.* LXXXIX.
(2) Il n'y a rien à dire de l'*emptor*, dont le consentement était essentiel dans l'émancipation comme dans tout autre contrat.

IIe PARTIE

EFFETS DE L'ÉMANCIPATION

I

EFFETS GÉNÉRAUX

Quelles sont les personnes dont la condition est modifiée par l'émancipation ?

L'émancipé seul subira un changement dans l'ensemble de ses droits. Les autres personnes ressentiront les effets de l'émancipation dans la limite des rapports qui les unissent à l'émancipé. La personnalité juridique des ascendants ou des collatéraux ne changera pas, c'est évident ; il n'y aura que leurs rapports avec l'émancipé qui seront modifiés. Au contraire, les personnes unies à l'émancipé par un lien étroit : ses enfants, par exemple, pourront subir un changement dans leur état juridique.

L'émancipation et le *mancipium* ne dissolvaient cependant pas le mariage ; et on a soutenu à tort que la femme suivait toujours la condition du mari émancipé ou adopté. Un argument décisif se trouve dans le paragraphe 2, *in fine*, du livre I, titre x des *Institutes* (1). La situation ne change

---

(1) « Et ideo constat, si quis generum adoptare velit, debere eum ante filiam emancipare ; et si quis velit nurum adoptare, debere eum ante filium emancipare. »
V. aussi D., XXIII, II, fr. 67, § 3.

pas en supposant que la femme est *in manu* d'un mari (1) fils de famille. Elle est, par rapport à son mari, *loco filiæ* et, par rapport au père de ce mari, *loco nepotis*. Le *pater familias* pourra donc émanciper son fils et garder sa bru en puissance. Gaïus suppose l'existence de cette hypothèse et, bien qu'il ne s'explique pas formellement, sa pensée n'est pas douteuse (2).

Je passe à la condition des enfants. Avec les anciennes formes, une controverse existait : l'enfant conçu au moment de la première ou de la deuxième mancipation se trouvera, à sa naissance, sous la puissance du grand-père émancipateur. La condition de celui qui était conçu au moment de la troisième mancipation était discutée. Labéon pensait qu'il naissait « in ejusdem mancipio, cujus et » pater erat ». La pratique distinguait : si le père mourait *in mancipio*, l'enfant naissait *sui juris ;* s'il était affranchi, l'enfant passait sous sa puissance (3). Sous Anastase et sous Justinien, aucune difficulté ne se présentait. Le fils conçu avant l'émancipation naissait sous la puissance de son aïeul. S'il était conçu après l'émancipation, né d'un père *sui juris*, il était sous la puissance de ce père.

En résumé, le mariage était donc toujours maintenu,

---

(1) Le mariage se formait sans porter atteinte à la puissance paternelle et était toujours indépendant des biens de la famille originaire. La question peut, au premier abord, sembler douteuse quand il y a *in manum conventio*. Mais il ne faut pas oublier que si alors la femme est considérée comme fille de son mari, celui-ci étant *filius familias* n'aura pas l'exercice de la puissance qui lui est conférée par la *manus*.

(2) III, § 3. « ..... Sed ita demum erit sua heres, si filius cujus in manu erit, eum pater moritur, in potestate ejus non sit ». Gaius ne dit pas comment cela pourra avoir lieu, mais en se reportant au paragraphe précédent l'idée devient tout à fait claire « Ita demum nepos nepotisve. ... suorum heredum numero sunt, si præcedens persona desierit in potestate parentis esse, *sive morte id accidant*, sive alia ratione, *veluti emancipatione*. »

(3) Gaius, I, 135.

et la composition de la famille était modifiée, seulement en ce qui touchait personnellement l'émancipé.

II

EFFETS SPÉCIAUX DE L'ÉMANCIPATION

Quatre points de vue doivent être examinés :
1. *Capitis deminutio*, encourue par l'émancipé.
2. Rapports de l'émancipé et du *pater familias*.
3. Droits de patronage attribués au *manumissor*.
4. Successions dans lesquelles figure un émancipé.

§ 1. — *Capitis deminutio subie par l'émancipé.*

Le changement produit dans la personne juridique de l'émancipé s'appelait *capitis deminutio minima*. Son origine et sa nature sont très controversées, et ce n'est pas ici le lieu d'exposer cette grande théorie, sur laquelle les jurisconsultes sont divisés.

Les trois *capitis deminutiones* devaient être des modifications du *status* propre à chaque citoyen; dans la *maxima* et dans la *media* le *status publicus* et le *status privatus* étaient atteints. La *minima* modifiait seulement le *status privatus* qui comprenait : *agnatio*, *manus*, mariage, *mancipium*, patronage. Mais, si l'on admet l'opinion suivant laquelle la *capitis deminutio* est produite par le passage *in mancipii causa* (1), il ne faut pas dire, avec M. de Savigny, que l'émancipé ne dût plus subir aucune *capitis deminutio*, lorsque les anciennes formes eurent été abandonnées. On

---

(1) Suivant M. Demangeat (Dr. r., 2ᵉ éd., t. I, p. 343), le fils émancipé pour être constitué *loco servi* encourait la *maxima capitis deminutio*. Cette opinion est contredite par les textes, et il est certain que le fils qui tombait *in mancipio* ne perdit jamais sa liberté.

ne trouve aucune trace de ce changement, et les jurisconsultes romains admettaient la *capitis deminutio* dans certains cas déterminés, sans avoir une théorie absolument précise sur la cause qui la produisait. Pourquoi, depuis Anastase, les effets de l'émancipation n'auraient-ils plus été les mêmes (1)? Aucune réponse satisfaisante ne peut être faite à cette question et, du reste, les *Institutes* mettent l'émancipé au nombre des *capite minuti*.

Suivant l'opinion générale, la *capitis deminutio* n'était pas triple, mais une. Elle résultait de la perte de la liberté, de la cité, de la famille, et dans les trois cas, le résultat était le même. Si, dans les *maxima* et *media capitis deminutiones*, les droits politiques disparaissaient, c'était une simple coïncidence, et l'édit du préteur parle d'une seule *capitis deminutio*. L'argument serait très sérieux, si Ulpien, en commentant l'édit, ne nous apprenait pas que le terme « *capitis deminutio* » est employé dans l'édit avec le sens de *capitis deminutio minima* (2).

La *minima capitis deminutio* est donc une modification de la personnalité juridique, au point de vue des droits, qui dérivent de l'ordre privé, tandis que la *maxima* et la *media* sont l'anéantissement de la personnalité de l'homme libre, ou du citoyen.

La condition de deux *capite minuti* peut être fort dissemblable ; l'émancipé devient *sui juris*, l'adrogé, au contraire, devient *alieni juris;* néanmoins chacun d'eux a perdu dans le *status privatus* sa personnalité primitive.

---

(1) La *capitis deminutio* n'a plus, il est vrai, des effets aussi considérables qu'autrefois ; mais elle est encore fort importante au point de vue de la tutelle, par exemple, de l'agnation.......

(2) D., IV, V, fr. 2, *pr.* — « Pertinet hoc edictum ad eas capitis deminutiones, quæ salva civitate contingunt; ceterum sive amissione civitatis, sive libertatis amissione contingat capitis deminutio, cessabit edictum... »

Dans ce système, l'émancipé voit s'éteindre ses droits de famille et aussi tous les rapports de droit qu'il avait acquis. Il commence une vie juridique nouvelle, mais par rapport au droit civil seulement, car la *capitis deminutio* ne pouvait pas faire disparaître les droits qui, ayant un fondement naturel, n'avaient pas été créés par la loi. Les jurisconsultes les désignent ainsi : « Eas obligationes » quæ naturalem præstationem habere intelliguntur, » palam est capitis deminutione non perire, quia civilis » ratio naturalia jura corrumpere non potest (1). » La définition est vague, et il est impossible de donner en quelques mots les différences qui séparaient, dans le droit romain, l'élément civil de l'élément naturel. Il faut donc diviser le sujet et énumérer rapidement : 1° les effets de la *capitis deminutio* sur les droits de la famille de l'émancipé ; 2° ses effets sur les droits qui concernent les biens.

A. *Que deviennent les droits de famille du* capite minutus?

L'émancipé, en sortant de la *familia*, était soustrait à tous les devoirs qui lui incombaient auparavant. Il perdait de même, tous les avantages dont il aurait joui comme membre de la famille.

En premier lieu, à l'origine au moins, il ne participait plus aux *sacra privata*. Plus tard, dès l'époque des Césars, les Romains, devenus plus sceptiques, devaient attacher une faible importance à la protection des dieux domestiques, c'est alors que vit le jour le proverbe rapporté par Michelet (2) : « *sine sacris hereditas* », pour signifier un

---

(1) D., IV, V, fr. 8.
(2) *Orig. du droit français*, p. 61.

bonheur sans mélange. Aussi cet effet de l'émancipation ne fut plus mentionné (1).

L'émancipé était donc exclu de la famille. Le lien civil de l'agnation qui rattachait entre eux les parents par les mâles était rompu, « agnationis quidem jus capitis de- » minutione perimitur, cognationis vero jus non com- » mutatur (2). » La parenté qui n'avait presque aucun effet juridique subsistait seule.

L'agnation était, à l'égard des affranchis, remplacée par le patronage qui unissait au patron celui qu'il avait affranchi. Avec la *capitis deminutio*, le patronage disparaissait. Toutefois, l'affranchi était encore rattaché au patron par certains liens ressemblant à la cognation (3).

La gentilité prenait fin aussi par l'émancipation, ainsi que le prouve la définition de Cicéron (4).

Comme conséquence de ce qui précède, l'émancipé ne pouvait plus être tuteur légitime. Il conservait seules les tutelles testamentaire ou *dative*. Lorsque les femmes étaient en tutelle perpétuelle, le tuteur pouvait céder la tutelle à un tiers. Si alors le cessionnaire était émancipé, son pouvoir retournait au cédant. L'émancipation du cédant éteignait aussi la tutelle qui passait entre les mains de l'agnat le plus proche (5).

Une question peut être posée : comment un fils *in potes-*

---

(1) Aux yeux des anciens Romains, l'exclusion des *sacra privata* devait avoir une grande importance, lorsqu'ils conservaient avec un respect religieux les traditions des ancêtres. Cicéron reproche à Clodius d'avoir abandonné par son adrogation le culte de ses pères, par son émancipation, les *sacra* de l'adrogeant Paulinus, et il s'indigne de le voir sans religion domestique.
(2) Gaïus, I, 158.
(3) J., III, 9, § 3; G., III, 51.
(4) « Gentiles sunt qui capite non sunt deminuti. » (Topica, 6.)
(5) Gaïus, I, 170.

tate pouvait-il être tuteur légitime sans être exclu par son père agnat, nécessairement plus proche que lui? Il est probable que cet effet de l'émancipation fut appliqué dans l'ancien droit seulement. Lorsque l'agnat le plus rapproché avait été destitué de la tutelle ou s'était fait excuser, sans doute l'agnat du degré subséquent, son fils par exemple, prenait sa place. Il en est autrement à l'époque classique. Si la tutelle est retirée à l'agnat, elle est déférée à un tuteur datif. L'extinction de la tutelle légitime par l'émancipation est donc devenue impossible, mais l'émancipé perd toujours le droit d'être tuteur légitime de l'un de ses anciens agnats (1).

Pour des motifs semblables, la qualité d'héritier sien était perdue par l'émancipé. En fait, le préteur remédia de bonne heure à cet état de choses par les *bonorum possessiones*. Anastase, ensuite, donna un droit à la succession de ses frères et de ses sœurs à celui qui était devenu *sui juris* (l. 5, C. *De leg. tut.*). La vocation à la tutelle légitime lui fut ainsi donnée par ce prince (l. 15, C. *De leg. hered.*). Justinien étendit le droit de succession à l'hérédité des enfants des frères et sœurs. En réalité, c'est l'agnation maintenue entre frères et sœurs malgré l'émancipation.

Le mariage n'était pas dissous, parce qu'il a son fondement dans la nature. Les droits pécuniaires qu'il avait créés subsistaient même intacts, alors que tous les autres droits du *filius familias* tombaient dans le patrimoine du *pater* (2).

La cognation, qui elle aussi dérivait du droit naturel,

---

(1) *V.* Gaïus, 1, 155, 158.; D., IV, V, fr. 7, pr., XXVI, IV, fr. 3, § 9; fr. 5, § 5.

(2) D., XXIII, III, fr. 56, § 1. 2. — « Ibi dos esse debet, ubi onera matrimonia sunt.... »

n'était pas rompue (1). Elle n'avait, d'ailleurs, dans les premiers temps, qu'un petit nombre d'effets. A certains degrés, elle était un empêchement au mariage ; elle faisait naître une obligation alimentaire entre ascendants et descendants, et donnait aux parents le *jus liberorum*..... Le préteur accorda plus tard aux cognats certains droits successoraux.

La règle changeait si la cognation résultait de l'adoption parce que, dans ce cas, le lien civil était le seul fondement des liens de famille. L'adopté ne devenait pas le cognat des agnats de l'adoptant, et, après l'émancipation, il était totalement étranger à l'adoptant et à ses agnats. La cognation disparaissait aussi bien que l'agnation (2).

En résumé, les effets de la *capitis deminutio* sur les droits de famille de l'émancipé sont les suivants : l'agnation, la gentilité, le patronage et la cognation purement civile produite par l'adoption disparaissent. La cognation naturelle et le mariage subsistent.

B. — *Que deviennent les droits sur les biens existant soit contre l'émancipé, soit en sa faveur ?*

Les droits qui appartiennent au fils de famille sont peu nombreux et exceptionnels, puisque tout ce qu'il acquiert appartient au père. Les rapports naturels subsistent seuls, tel est le principe.

On ne peut pas, du reste, poser ici une règle générale qui soit absolument précise, et c'est dans les détails qu'il faut étudier les effets de la *capitis deminutio* sur les droits

---

(1) Gaïus, I, 158.
(2) La règle n'est cependant pas absolue : 1° un empêchement au mariage subsiste en ligne directe ; 2° l'adopté émancipé ne peut pas être une seconde fois adopté par la même personne.

civils en premier lieu, et ensuite sur les *jura naturalia*, qui ne ressentent pas l'influence du changement d'état, et dont l'ensemble a été appelé pour ce motif « droit anomal » (1).

Droits civils. — La propriété des choses comprises dans le pécule *castrense*, et dans les pécules qui lui furent assimilés, était attribuée au fils. Toutefois, les servitudes personnelles comprises dans ces pécules étaient éteintes par la mort ou par la *capitis deminutio*. Ainsi l'usufruit et l'usage (2) s'évanouissaient. Au contraire, le droit d'habitation, ainsi que nous le verrons plus loin, était maintenu.

Justinien décida d'abord que l'usufruit prendrait fin par les *capitis deminutiones media* et *maxima* seules (3); et lorsqu'il a été acquis à un maître par son esclave, ou à un père par son fils, il ne prendra fin que par la mort du survivant (4).

Au point de vue du droit civil, les dettes contractées par le fils de famille disparaissent, ainsi que les actions. Mais le préteur étendit la formule de l'action civile à des cas qu'elle ne devait pas comprendre. Les actions devenaient alors *utiles fictitiæ*. C'était, dans le langage des jurisconsultes, une *in integrum restitutio* analogue à celle des mineurs de vingt-cinq ans. Cette *restitutio* particulière était admise quel que fût le temps écoulé entre la *capitis deminutio* et la demande (5). Ulpien dit, en effet : « hoc » judicium perpetuum est, et in heredes et heredibus

---

(1) M. de Savigny.
(2) Gaïus, III, 83.
(3) J., II., IV, § 3.
(4) III., 33, 17.
(5) Fr. 2, § 1, D., *De cap. min.*

» datur (1). » De l'absence des mots *causa cognita*, les jurisconsultes concluent que la connaissance de l'affaire par le préteur n'était pas nécessaire.

Lorsqu'une mancipation avait été faite, la dette contractée à ce moment par le *filius* n'engendrait aucune obligation, et le créancier ne pouvait accuser que sa négligence ; néanmoins, le préteur connaissait de l'affaire et donnait, à titre exceptionnel, l'action utile si l'erreur était excusable (2).

Il arrivait quelquefois que le fils était poursuivi au sujet de dettes contractées dans l'intérêt du *pater*. Le préteur corrigeait, dans ce cas, ce que la *restitutio* aurait eu de trop rigoureux, en donnant la formule seulement *cum taxatione*. La condamnation ne devait pas dépasser le *quantum* du patrimoine du défendeur. L'émancipé perdait cette faveur, si l'action était intentée après un grand nombre d'années, à cause de l'avantage que l'émancipé avait pu trouver dans le délai (3), ou bien s'il s'était faussement donné la qualité de *pater famillias* (4).

J'arrive aux obligations et aux actions qui peuvent exister au profit de l'émancipé.

La transformation de la personnalité civile du *filius* avait sur ses obligations actives une influence relativement peu considérable, puisque le bénéfice de ses créances était acquis au père (5). Une exception remarquable se rencontre dans l'*adstipulatio* à cause de la nature spéciale de ce contrat. Le stipulant pouvait souvent

---

(1) H. t., fr. 2, § 5.
(2) H. t. fr. 2, § 2.
(3) D., XIV, V, fr. 4, § 2.
(4) H. t., fr. 4, § 1, , 6.
(5) J., III, 28 pr.

avoir intérêt à ce que son action fût exercée par un autre en son lieu et place. Or, à Rome, la règle était absolue ; nul ne pouvait se faire représenter dans les actes de droit : « *Nemo alieno nomine lege agere potest* (1). » L'adstipulation servit à éluder les conséquences du principe. L'*adstipulator*, par un contrat verbal accessoire à une stipulation principale, stipulait la même chose que le stipulant et dû même débiteur ; il pouvait donc exiger et recevoir le paiement. Le contrat accessoire était formé en vue de la personne de l'*adstipulator* et, si c'était un fils de famille, le père ne pouvait pas exercer l'action. Le droit de ce fils restait à l'état latent et ne devait pas être exercé avant la mort du *pater*. Si un *capitis deminutio* survenait, le droit disparaissait (2).

Une seconde exception à la règle en vertu de laquelle le père acquiert par ceux qui sont sous sa puissance doit être indiquée : le fils, quant aux créances et aux actions comprises dans les pécules *castrense* et *quasi castrense*, était réputé *pater* ; la *capitis deminutio* devait donc être sans effets, puisque la personnalité du fils reste la même par rapport à ces pécules. Cette règle doit être interprétée restrictivement. Aucun texte ne permet d'admettre en général la conservation des droits de créance, alors surtout que les droits d'usufruit, ou les droits *inclusa judicio legitimo, per capitis deminutionem pereunt* (3). Cette règle avait sa raison d'être, car, si l'émancipation devait causer un préjudice à l'enfant, il était libre de la refuser.

Les actions passives étaient rendues aux créanciers par le préteur. Pour les actions actives, la règle resta abso-

---

(1) D., L., XVII, fr. 123.
(2) Gaïus, III, 114.
(3) G., III, 83 *V.* Ulp., XX, 10.

lue jusqu'à Justinien, qui la supprima en matière de servitudes personnelles.

DROITS NATURELS.

Les obligations considérées par les jurisconsultes comme se rattachant au droit naturel n'étaient pas pour ce motif absolument nulles. Elles pouvaient servir de base très valable à un payement, à une novation, à une fidéjussion. D'autres obligations naturelles existaient aussi en ce sens qu'elles résultaient d'un rapport de fait plutôt que d'un rapport de droit. Le droit civil les avait consacrées dans un but d'équité, mais elles avaient une origine naturelle. C'étaient des *naturalia jura* sur lesquels la *capitis deminutio* n'avait aucune influence (1).

M. de Savigny (2) assigne à ces droits le double caractère de n'être pas transmissibles aux *héritiers*, et de donner naissance presque toujours à une action *in bonum et æquum concepta*, c'est-à-dire s'appuyant sur les principes du *jus gentium*, en laissant au juge une grande liberté d'appréciation.

On peut ranger en trois catégories les hypothèses dans lesquelles le *filius familias*, après son émancipation, pourra agir, en vertu d'un droit entré dans son patrimoine, alors qu'il était encore en puissance : 1° les droits ayant directement pour objet l'entretien de la vie physique et dont l'existence ne pouvait pas dépendre de l'arbitraire de la loi ;

2° Les droits qui ont en vue la *vindicta*, c'est-à-dire la réparation d'un droit violé dans la personne d'un homme

---

(1) D., IV, V, fr. 8; G., I, 158.
(2) C. de dr. r., t. II, § 71 et suiv.

considéré plus comme être naturel que comme personne juridique ;

3° Les droits résultant de certains contrats.

Dans la première catégorie sont compris :

a) Le legs d'aliment (1).

b) Les legs de prestations périodiques « quæ natura- » lem præstationem habere intelliguntur (2) ». L'émancipation du légataire ne l'empêchera pas d'avoir droit aux termes à échoir.

c) Le legs de l'*habitatio* ou des *operæ* d'un esclave. Le premier était considéré, à Rome, comme un acte de bienfaisance assimilable au legs d'aliments, et le second comme une *naturalis prestatio* (3).

d) L'action en aliments du fils contre ses ascendants (4).

e) Le droit sur la dot. Pendant que le fils est en puissance, le père a la dot et pourvoit, en conséquence, à l'entretien du mariage. Mais une fois le mari émancipé, la dot doit lui être attribuée (5).

La deuxième division comprend :

a) L'*actio injuriarum*. Quand une offense était faite au fils de famille, une action était donnée au père, et quelquefois au fils lui-même, qui pouvait l'exercer, après avoir été émancipé (6), contre toute personne, excepté contre le père, à moins que l'injure fût atroce (7).

b) L'*actio sepulchri violati* est donnée aux enfants et

---

(1) D., XXX, IV, I, fr. 6.
(2) D., IV, V, fr. 8.
(3) VII, VIII, fr. 2.
(4) D., XXV, III, fr. 5, § 1.
(5) D., IV, V, fr. 8, 9.
(6) D., XLVII, 10, fr. 17, §§ 10, 14, 17, 22.
(7) H., t. 7, §§ 2 et 3.

aux héritiers de celui dont la sépulture a été violée (1).

c) L'action *de effusis*, résultant de la chute d'un objet causant préjudice à un homme libre.

d) L'action pour blessures faites par des animaux dangereux (2). La victime peut exercer cette action contre l'auteur du délit ou le propriétaire de l'animal qui a causé le dommage, s'il y a eu négligence de leur part.

e) L'interdit, *quod vi aut clam*, donné contre celui qui a porté une atteinte violente ou cachée aux droits d'autrui sur la propriété du sol (3). Suivant Ulpien qui donne l'opinion de Sabinus, le fils de famille pouvait demander cet interdit en son nom personnel, l'émancipation ne devait donc pas lui faire perdre ce droit.

f) La *querela inofficiosi testamenti*, au moyen de laquelle un fils, omis dans un testament, demande la réparation de l'injure qui lui est faite, lui est donnée personnellement (4).

Dans la troisième catégorie, rentrent les actions *pro socio* (5), *mandati* (6), *negotiorum gestorum depositi et commodati*. Les contrats et les quasi-contrats dont elles dérivent ne sont pas éteints par l'émancipation. Il faut en effet, voir dans des conventions de cette nature, surtout l'individu lui-même ; ce sont des contrats de confiance dans lesquels les qualités naturelles à l'homme : son intelligence, sa probité, sont surtout prises en considération.

(1) D., XLVII, XII, fr. 3.
(2) D., IX, III, fr. 5, § 5.
(3) D., XLIII, XXIV, fr. 19.
(4) D., V, II, fr. 8.
(5) D., XVII, II, fr. 58, § 2. Ce texte semble formel, car si la *minima capitis deminutio* eût encore dissous la société, Ulpien ne dirait pas *eamdem societatem durare*. Cet ancien effet de la *minima capitis deminutio* fut donc supprimé avant Justinien. (*Contra*, M. Accarias, t. II, 507-508.)
(6) D., XVII, I, fr. 61.

§ 2. — *Rapports de l'émancipé et du pater familias.*

Si l'émancipé est impubère, il tombe en tutelle. Quand il est pubère, il peut s'établir où bon lui semble, et se marier sans demander aucun consentement. Deux constitutions (1) dérogèrent à cette règle : les filles ou les veuves *sui juris* ne pourront plus se marier seules avant vingt-cinq ans. Jusqu'à cet âge, elles doivent obtenir le consentement de leur père ou, à son défaut, celui de la mère. Si le père et la mère étaient morts, les parents les plus proches étaient appelés à consentir. Ce système abandonnait les conceptions du vieux droit, car, en réalité, c'était le consentement au mariage, établi dans l'intérêt de l'enfant, qui était ainsi institué.

Certaines obligations appartenant au droit naturel et sanctionnées par le droit civil (2) sous le nom de : *reverentia*, *pietas*, etc., ne disparaissaient pas après l'émancipation. Les parents et les enfants se devaient, en conséquence, des aliments. Il fallait à l'enfant qui voulait appeler son père en justice l'autorisation du préteur. L'exception de dol ne pouvait pas être opposée au père, et aucune action infamante ne devait être exercée contre lui. Exception était faite pour l'*actio de injuriis* que l'enfant émancipé pourra intenter si le préteur le juge convenable (3).

En principe, pour les actes juridiques relatifs aux biens, la capacité du fils de famille était complète.

---

(1) L'une de Valens, Valentinien et Gratien, l'autre d'Honorius et de Théodose le Jeune.
(2) D. XXXVII, XV, fr. 1, § 1, 2-9.
(3) D., XLVII, X, fr. 7, § 3. « Sed et si quis ex liberis, qui non sunt in potestate, cum parente velit experiri, non temere injuriarum actio danda est, nisi atrocitas suaserit. »

L'émancipation ne pouvait donc pas l'augmenter; mais dorénavant le fils acquerra pour soi, et entre lui et son père pourront exister des obligations civiles.

L'incapacité du sénatus-consulte macédonien ne frappe plus le fils sorti de la famille. Le père ne répond plus de ses délits, et l'action ne peut plus être exercée (1).

Le *pater* était responsable des obligations contractées à l'occasion du pécule, et il pouvait être attaqué par l'action *de peculio*. Avec l'émancipation, cette action disparaît, et le créancier qui, auparavant, avait deux actions, se trouvait n'en avoir plus une seule. Il aurait donc été dépouillé, si le préteur ne lui avait pas donné une action utile contre l'émancipé, restreinte, il est vrai, *in quod facere potest* et non *in solidum* comme avant. Pour garantir le créancier contre cette éventualité de perte, l'*actio de peculio* pouvait, en vertu de l'édit, être exercée pendant une année après l'émancipation contre le père.

Souvent, en mettant son fils hors de sa puissance, le père lui abandonnait les biens dont il lui avait confié l'administration. On admet même l'existence d'une présomption (2) en faveur du fils auquel le père n'avait pas retiré le pécule. La donation était supposée lui en avoir été faite. L'usage d'abandonner ainsi le pécule *profectice* disparut peu à peu lorsque, au moyen du pécule *castrense*,

---

(1) G., IV, 75, 77.
(2) Suivant un texte des *Fragmenta Vaticana* (260), il y a la seulement une *justa causa* pouvant servir à l'accomplissement de l'usucapion. « Filius emancipatus cui pater peculium non ademit, res quidem pro donato vel pro suo, quod justam causam possidenti habet, usucapit..... »
Le fils ne pourra pas, bien qu'il détienne légitimement le pécule, en poursuivre les débiteurs; il sera nécessaire de lui transmettre les actions et les créances par un mode régulier de cession. En définitive, il ressort des textes, et c'est le point important, que le désaisissement du père est complet dès que, l'émancipation étant accomplie, le fils a la chose *in bonis*.

le fils put avoir un patrimoine indépendant. Plus tard, quand les enfants eurent la nue propriété des biens laissés par la mère, l'usufruit donné au père était éteint par l'émancipation (1); mais le fils devait se montrer reconnaissant du don de la liberté qui lui était fait en donnant à son père, en toute propriété, le tiers des biens venant de la mère (2). Une constitution de Gratien et de Valentinien II assimila aux biens qui venaient de la mère les biens provenant des ascendants maternels (3) (*bona materni generis*). Une autre constitution (4) confirma ces dispositions, et les *bona materni generis* furent complètement assimilés aux *bona materna*.

A la même époque, les *lucra nuptialia* formèrent une troisième classe de biens tombant dans le pécule adventice; ils comprenaient les choses acquises à l'occasion du mariage, et même ce que les enfants pouvaient rece-

---

(1) C., VI, LX, I.
(2) C. Th., VIII, XVIII, 1. 1, 2, 3. « Quod si pater suum filium patremfamilias videre desiderans, eum emancipaverit, representare et maternam debet substantiam ita ut filius, accepto munere libertatis, reique suæ dominus effectus, ne videatur ingratus, tertiam partem custodiæ sibi rei muneris causa parenti offerat..... »

Constantin indique les motifs de ces nouvelles règles en disant que le *præmium emancipationis* donné par le fils est une marque de sa reconnaissance envers son père. Dépouiller complètement le père, eût été en effet rendre l'émancipation difficile à obtenir pour l'enfant. Au contraire, la libre disposition entre les mains du père du tiers qui lui est attribué aura une certaine influence sur le respect que l'enfant portera à son père.

Dans sa constitution, Constantin emploie ces termes : « Cum ætates legitimæ liberorum ad emancipationem invitaverint..... » Les auteurs ont cru que ces expressions indiquaient la majorité de XXV ans. C'est fort possible; toutefois, il ne faudrait pas penser que les majeurs de XXV ans seuls pouvaient être émancipés. Ce qui se passe le plus habituellement est indiqué, et aucune autre conclusion ne doit être tirée de ce texte.

(3) Par testament, donation, *vel alio quolibet titulo largitionis*.

4) D'Arcadius et d'Honorius. C. Th., VIII, XVIII, 1. 9. Cette seconde constitution reproduit textuellement la première, il semble donc certain que les deux textes n'en font qu'un.

voir des *lucra nuptialia* dont leurs parents étaient déchus (1).

Le pécule adventice fut étendu sous Justinien ; il comprend désormais tous les biens échus à l'enfant, en exceptant ceux qui proviennent de la fortune du père « *ex re patris* » (2). Et en émancipant son fils, au lieu de retenir en toute propriété le tiers du pécule adventice, *præmium emancipationis*, il gardera seulement la moitié en usufruit (3).

Telles étaient les règles qui s'appliquaient aux biens acquis par l'émancipé lorsqu'il était en puissance.

Théodose et Valentinien donnèrent au père un certain droit sur les biens échus à l'émancipé depuis son émancipation. Ils lui donnèrent, en concours avec les émancipés, l'usufruit d'une part virile (4).

Le père pouvait être privé, à la suite d'un divorce injuste, des *lucra nuptialia*. Le fils pouvait aussi recevoir une libéralité sous la condition que le père n'aurait aucun droit sur elle. Dans ces deux hypothèses, et dans quelques autres du même genre, le fils acquérait des biens qui ont été désignés sous le nom de *peculium adventitium irregulare*. Je n'ai pas à en parler, car les droits du père sur ce pécule, comme sur le pécule *castrense*, étaient nuls.

---

(1) C., V, IX, 3 pr. V, XVII, 2, § 1. Les règles indiquées plus haut étaient applicables à ces biens. *V.* la *Constitution* de Valentinien et de Théodose. C., VI, LXI, 2.

La question fut soulevée pour les *sponsalia* et réglée d'une façon identique. C., VI, LXI, 5.

(2) J., II, IX, § 7.
(3) J., II, IX, § 2.
(4) *V.* C., VI, LX, l. 3.

§ 3. — *Droits de patronage sur l'émancipé.*

L'enfant émancipé devenait tout à fait indépendant en ce sens qu'il était *sui juris*. Toutefois, la cognation subsistait, et même l'émancipé n'était pas toujours dégagé, au point de vue du droit civil, de tout rapport de dépendance : suivant la loi des Douze Tables, l'enfant, avant que l'émancipation devînt définitive, devait passer *in mancipio*. Celui qui l'avait *in mancipio* l'en faisait sortir par les modes d'affranchissement employés pour les esclaves, et des droits analogues à ceux qui étaient donnés au patron sur le *libertus* lui appartenaient. De ce que l'affranchi du *mancipium* restait ingénu, il résultait qu'il ne devait pas les *operæ*, mais seulement la *reverentia* (1).

Les droits donnés au *manumissor* sur les biens étaient beaucoup moins étendus que ceux du patron, nous le verrons en étudiant les successions, et la *reverentia* elle-même était atténuée. Quand elle était due à un patron, elle comprenait le droit de correction, la défense d'appeler sans autorisation le patron en justice, l'obligation de lui fournir des aliments, et enfin les droits de tutelle.

Le droit de correction disparut de bonne heure et ne s'appliqua jamais à l'émancipé.

La défense d'appeler le patron en justice ne frappait pas l'affranchi *natalibus restitutus*. Voilà un premier argument donnant à supposer qu'elle n'était pas applicable au fils sortant du *mancipium*. En outre, Ulpien, à propos de

---

(1) D., XXXVII, XII, fr. 4. Les textes ne parlent que du *pater manumissor*. On doit néanmoins les appliquer au *manumissor extraneus*, qui du reste n'existe plus sous Justinien.

l'édit *de in jus vocando*, dit : *Patroni hi accipiendi sunt, qui ex servitute manumiserunt* (1).

Quant à l'obligation de fournir des aliments, l'esclave qui était affranchi en vertu d'un fidéicommis n'y était pas soumis. Or, il semble qu'il est possible d'assimiler à la personne qui a dû ainsi affranchir un esclave celui qui s'obligeait, par un contrat de fiducie, à libérer l'enfant.

J'ajoute que, si depuis la loi *Ælia Sentia* des peines punirent l'ingratitude de l'affranchi, on ne trouve rien de semblable à propos de l'émancipé (2).

Que reste-t-il donc de la *reverentia* ? Uniquement le droit de tutelle. L'émancipé impubère sera soumis à la tutelle du *manumissor*. Tous les liens de famille étant rompus, le tuteur ne pouvait pas, en effet, être pris parmi les parents auxquels il n'était même plus possible de nommer à l'enfant, mis hors de la famille, un tuteur testamentaire (3).

On appelait cette tutelle fiduciaire (4) (5), parce que si, à une certaine époque, le *mancipium* fut établi sérieusement, ce n'était que par exception; et dans l'émancipation, l'acheteur recevait l'enfant sous la condition de

---

(1) D., II, IV, fr. 8, § 1.
(2) Sauf en ce qui concerne la révocation de l'émancipation.
(3) Gaïus, I, 144.
(4) Savoir si la tutelle était fiduciaire ou légitime avait son importance. Ainsi, quand la tutelle perpétuelle des femmes existait, on se demandait si le tuteur fiduciaire pouvait céder la tutelle, alors que personne ne contestait ce droit au tuteur légitime. Gaïus dit : « Fiduciarios quoque quidam putaverint cedendæ tutelæ jus non habere.... » (I, § 172), et il ajoute que la même solution ne doit pas être donnée quand un père, après avoir émancipé une fille qui lui est remancipée, l'affranchit, parce qu'il est *tutor légitimus* «.... et non minus huic quam patroni honor præstandus est.... »
A l'époque de Justinien, la tutelle des femmes est depuis longtemps tombée en désuétude,
(5) Elle ne pouvait pas porter le nom de légitime, puisqu'elle ne dérivait pas de la loi des Douze-Tables, et avait été introduite par assimilation à la tutelle du patron.

l'affranchir. Le *manumissor* tuteur était d'abord toujours un étranger. Plus tard le père put, au moyen du contrat de fiducie, affranchir lui-même son enfant.

Sa tutelle est légitime et il a les *jura patronatus* (1). Cependant si, à la mort du patron, la tutelle légitime passait à ses enfants, les enfants du *pater manumissor* avaient seulement la tutelle fiduciaire ; les droits de patronage eux-mêmes ne leur étaient pas concédés aussi complets qu'aux enfants du patron : ils n'avaient pas la *bonorum possessio contra tabulas*.

Pour quel motif les enfants du *pater manumissor* n'avaient-ils pas la tutelle légitime ? Voici la réponse de Justinien : sans l'émancipation, l'impubère, à la mort de son père, serait devenu *sui juris*, il n'aurait jamais été sous la puissance de ses frères. L'esclave, au contraire, à la mort de son maître, serait devenu la propriété des enfants de ce maître. Cette explication n'est pas bonne pour deux raisons (2) :

1° Si l'émancipé est un petit-fils, à la mort de l'aïeul émancipateur la tutelle sera fiduciaire, et pourtant, sans l'émancipation, ce père aurait la puissance paternelle.

2° L'esclave ne serait pas devenu la propriété des enfants de son maître s'ils avaient été exhérédés, et cependant l'exhérédation ne fait pas obstacle à la tutelle légitime. Il faut donc accepter la raison donnée par Gaius et dire que l'on voulait honorer le père émancipateur autant que le patron.

A l'époque classique, le père pouvait donner aussi à l'émancipé un tuteur testamentaire. Le préteur devait

---

(1) Le père adoptif ne pouvait être qu'un *manumissor extraneus*.
(2) *V.* M. Accarias, I, p. 288.

confirmer le choix qui était fait, mais c'était une simple formalité, et seulement pour le tuteur nommé par la mère ou par d'autres personnes, il fallait une enquête.

A partir du règne d'Anastase, il n'y a plus ni mancipations ni *manumissor*. Les *jura patronatus* existent cependant encore en faveur du père. Anastase admet la fiction d'un affranchissement. Justinien donne simplement au père les droits du patron : « Exemplo patronum re-
» cepta est et alia tutela quæ et ipsa legitima vocatur ;
» nam si quis filium aut filiam nepotem aut nepotem ex
» filio, et deinceps, impuberes emancipaverit (1), legiti-
» mus eorum utor erit... ».

Les règles qui viennent d'être indiquées s'appliquaient aux filles émancipées comme aux fils, avec cette différence qu'il n'était pas possible à la fille émancipée, placée sous la tutelle d'un père absent, de le faire remplacer d'une façon définitive par un autre tuteur. Elle ne pouvait que réclamer, dans les cas urgents, un tuteur qui était nommé *ad certam causam*.

§ 4. — *Successions dans lesquelles figure un émancipé.*

Pour mettre un peu de clarté dans cette étude, il faut adopter les divisions suivantes :

1° Succession *ab intestat* de l'émancipé ;

2° Succession testamentaire de l'émancipé ;

3° Successions *ab intestat* auxquelles peut prétendre un émancipé ;

4° Successions testamentaires auxquelles il est appelé.

5° Nous verrons ce qu'était la *collatio bonorum*.

(1) J. L., I, t. XVIII.

N° 1. — *Succession « ab intestat » de l'émancipé.*

L'ordre successoral était le même que celui qui était admis pour la succession des affranchis.

A la succession de l'émancipé étaient appelés :

1° Les *heredes sui ;*

2° Le *manumissor* et ses descendants agnats;

3° Les agnats et les *gentiles* du *manumissor.*

La dévolution avait lieu suivant le droit commun : le plus proche excluait le plus éloigné.

Le partage se faisait *in stirpes* dans la première classe, *in capita,* dans les deux autres.

La succession de la fille émancipée était toujours dévolue au *manumissor* ou à ses descendants, car une femme ne peut pas avoir d'héritiers siens, puisqu'elle n'est jamais investie de la puissance paternelle.

Le père, ainsi que je l'ai dit plus haut, ne pouvait succéder que s'il avait les droits de *manumissor.*

Le préteur modifia ce système qui contenait des règles peu favorables aux enfants. Ainsi l'enfant de l'émancipé perdrait sa qualité d'*heres suus* par la *minima capitis deminutio* subie, soit par lui, soit de nouveau par son père; le préteur lui donna la *bonorum possessio unde liberi,* au moyen de laquelle il put recouvrer sa qualité d'héritier (1).

En vertu de l'édit, le *manumissor* était écarté seulement par les enfants naturels, l'émancipé ne pouvait donc pas l'exclure par l'adoption d'un enfant qui serait devenu héritier sien. Et lorsqu'il se trouvait en concours avec des *sui,* il prenait, au moyen de la *possessio unde legitimi,*

---

(1) Ulp., XXVIII, 7, 8.

la moitié de la succession (1). D'autres modifications furent apportées par le préteur : les *agnats*, le père et la mère, le grand-père et la grand'mère, soit paternels, soit maternels, le fils et la fille, le petit-fils et la petite-fille, soit *ex filio*, soit *ex filia*, le frère et la sœur consanguins ou utérins, furent appelés par lui avant le *manumissor extraneus* qui ne viendra plus qu'au troisième rang.

Cette *bonorum possessio unde decem personæ*, était employée seulement quand l'émancipation avait été faite sans contrat de fiducie, elle était donc assez rare. Voilà pourquoi il n'en est point fait mention dans les fragments d'Ulpien, qui énumèrent les autres *bonorum possessiones*. Du reste, on trouve dans la *collatio legum mosaicarum* (2) un texte de ce jurisconsulte mentionnant la *possessio unde decem personæ*.

Le préteur appelait ensuite les *cognats* les plus proches de l'émancipé. Il faut comprendre parmi eux, lorsque le père émancipateur ne venait pas à la succession, même les personnes qui auraient eu, en présence d'un *manumissor extraneus*, la *bonorum possessio unde decem personæ*. C'était la *possessio unde cognati* qui était donnée, et elle s'étendait jusqu'au sixième degré.

Après les *bonorum possessores* que je viens d'indiquer,

---

(1) Gaïus, III, 39, 41. Les descendants mâles du patron avaient les mêmes droits que lui dans la succession de l'affranchi. Cela n'est pas douteux. (G., III, 45, 46; Ulp., XXIX, 4, 5, 6.) La question est délicate pour les enfants du *manumissor*, car les textes concernant le *manumissor extraneus* n'ont pas été reproduits par Justinien. Pourtant il est probable qu'ils conservaient les droits que la loi des Douze Tables avait créés à leur profit, et qu'ils avaient la *possessio unde legitimi* qui était la consécration des règles du droit civil. Si donc la *possessio contra tabulas* leur était refusée, c'était parce qu'elle dérivait uniquement de l'Edit.

(2) T. XVI, ch. IX, § 2.

venaient les agnats et les *gentiles* du patron au moyen de la *bonorum possessio tum quem ex familia* (1).

Le *manumissor* ne s'était point servi des possessions précédemment énumérées qui lui étaient accordées, il pouvait encore succéder au sixième rang par la *possessio unde patronus* et *patrona, liberi* et *parentes eorum*. Théophile a dit très catégoriquement quelles étaient les personnes qui pouvaient jouir de cette possession de biens : le patron et la patronne du défunt, et à leur défaut leurs descendants ou leurs ascendants. Dans plusieurs hypothèses, l'utilité de la *possessio unde patronus*... etc., est manifeste : le patron peut en effet avoir, depuis l'affranchissement, perdu par une *capitis deminutio*, par exemple, sa vocation aux « bonorum posssesiones unde legitimi et tum quem ex » familia (2). »

En septième ligne, le préteur appelait le mari ou la femme, et au huitième rang les cognats du *manumissor* jusqu'au troisième degré (3).

La loi *Papia* donna à la fille du patron qui avait le *jus*

---

(1) J., III, IX, § 3. Suivant le Droit civil, les agnats et les *gentiles* du patron étaient appelés immédiatement après le patron et ses descendants.

Certains manuscrits ont appelé cette *possessio tanquam ex familia* à tort évidemment, car il faudrait, si l'on interprétait ces termes dans leur sens littéral, placer les cognats de l'émancipé après les agnats du patron, que cette *bonorum possessio* considérerait comme s'ils étaient agnats de l'émancipé; or, l'ordre suivi par Ulpien dans son commentaire contredit formellement cette interprétation.

(2) Ulp., XXVIII, 7. *Coll. leg. mos.*, t. XVI, c. IX, § 1.

L'explication de Théophile est certainement la meilleure. Quelques interprètes ont cependant prétendu que la *bonorum possessio unde patronus*.... était une *bonorum possessio tum quem ex familia* spéciale, déférée lorsqu'un patron affranchi prédécède avant son propre patron. Dans ce système sur la discussion duquel je ne puis pas insister, les enfants de la *patrone* ne seraient pas appelés, or c'est là une contradiction formelle avec les textes qui parlent de la *bonorum possessio unde patronus*.

(3) J., III, IX, § 3.

trium liberorum le droit d'user de la *bonorum possession unde legitimi* (1).

Le senatus-consulte Tertullien accorda à la mère qui avait le *jus liberorum* le droit de succéder à ses enfants après leurs descendants. Et comme le droit civil ne reconnaissait entre la mère et les enfants qu'une parenté naturelle, l'émancipation ne pouvait avoir aucune influence sur les droits de la mère. Parmi les ascendants, le père seul lui était préféré ; mais il l'écartait dans tous les cas, soit comme *manumissor*, soit autrement.

Après la mort du *de cujus*, le père, la mère et son aïeul *manumissor* pouvaient se trouver en présence. Alors, le père écartait la mère, qui elle-même écartait l'aïeul, dont la présence empêchait la vocation du père. Les jurisconsultes sortaient de ce cercle vicieux en donnant la préférence à l'aïeul, car la mère lui aurait fermé l'accès de la succession sans en retirer aucun avantage (2).

Les frères consanguins parmi les agnats excluaient la mère. Les sœurs consanguines concouraient avec elle. Les autres agnats n'étaient pas appelés.

Ces résultats n'étaient cependant pas toujours produits. Ainsi, Ulpien suppose (3) un père émancipé, une mère et une sœur consanguine en présence. Si cette sœur vient à la succession, elle est agnate et écarte le père ; la mère vient alors en concours avec elle. Si la sœur reste étrangère à la succession, le père a la *bonorum possessie unde cognati*, et la mère ne succédera que si le père ne l'invoque pas.

Quelques années plus tard, sous le règne de Marc-

---

(1) L'Edit lui refusait ce droit auparavant.
(2) D., XXXVIII, XVII, fr. 5, § 2.
(3) D., XXXVIII, XVII, fr. 2, § 18.

Aurèle, le sénatus-consulte Orphitien apporta un nouveau changement.

La succession de la fille émancipée, qui ne pouvait pas avoir d'héritiers siens, était toujours dévolue, d'abord au *manumissor* même *extraneus*. Désormais, les enfants auront sinon le titre, au moins la place d'héritiers siens (1), et la *capitis deminutio*, pourvu qu'elle ne fasse pas perdre le titre de citoyen (2), n'empêchera pas la succession légitime des enfants en vertu du sénatus-consulte Orphitien. Le changement d'état ne détruit que l'ancienne hérédité légitime de la loi des Douze Tables (3).

Les empereurs Gratien, Valentinien et Théodose accordèrent, par une constitution, des droits identiques aux descendants, quelque fût leur degré (4).

Justinien supprima le *manumissor extraneus*, et des *jura patronatus* beaucoup moins étendus qu'autrefois furent donnés au père (5).

Plusieurs personnes étaient déjà préférées au père ; Justinien en augmenta le nombre. Après les descendants, seront appelés immédiatement les frères et sœurs, qui écarteront ainsi la mère et même le père émancipateur. Toutefois les *bona materna* venant de la mère prédécédée ne seront pas attribués aux frères consanguins.

---

(1) Au premier degré seulement, *V. D.*, XXXVIII, XVII, fr. 4; Ulp., XXVI, 7,

(2) « Salvo statu contingens. » D., H. t. fr. 1, § 8.

(3) La *maxima capitis deminutio* subie par l'enfant lui faisait donc perdre tout droit successoral quand même il recouvrait la liberté, car l'affranchissement lui donnait un nouvel état, sans lui rendre les droits qu'il a perdus, à moins qu'étant esclave de la peine il soit rétabli dans ses droits par le prince. D., eod. tit., fr. I, § 4.

(4) C., VI, LVII, fr. 4.

(5) En dernière analyse, les droits du *manumissor extraneus* excluaient seulement ceux des agnats qui n'avaient que la *bonorum possessio unde cognati*.

Le père en concours avec des frères et des sœurs du défunt aura seulement l'usufruit des biens (1).

Théodose et Valentinien avaient déjà appelé la mère aux deux tiers de la succession, sans distinguer si elle avait ou si elle n'avait pas le *jus liberorum*. Dans le droit de Justinien la mère exclut pour la totalité l'oncle paternel et les autres agnats d'un degré plus éloigné.

Si le *de cujus* a laissé un père, une mère et des frères et sœurs, la mère et le père succèdent conjointement à l'usufruit des deux tiers (2). Le reste, c'est-à-dire la nue propriété de ces deux tiers et la pleine propriété du dernier tiers sont attribuées aux frères et sœurs.

Si la mère est seule en concours avec les frères et sœurs, elle succède pour une part virile. S'il n'y a que des sœurs, elle prend la moitié de la succession (3). Au contraire, suivant la *novelle* XXII, la mère, même lorsqu'il n'y a que des sœurs, a simplement une part virile.

Une autre *novelle* (CXVIII) établit un nouveau système successoral basé uniquement sur la parenté naturelle, et alors succèderont à l'émancipé :

1° Les descendants avec représentation.

2° Les descendants en concours avec les frères et sœurs germains et leurs descendants.

3° Les frères et sœurs *ex uno latere* et leurs enfants.

4° Les autres collatéraux suivant leur rang.

---

(1) C., VI, LVIII, fr. 13.
(2) Puisque le père venant seul avait l'usufruit total des biens, la présence de la mère profitait donc aux frères et sœurs.
Que décidera-t-on si le tiers soumis à l'usufruit du père est plus faible que l'usufruit de la moitié des biens *adventices* qui constitue le *præmium emancipationis* ? M. Accarias pense que la constitution qui donne au père *manumissor* la moitié de l'usufruit a modifié la constitution relative aux successions qui, en effet, lui est antérieure.
(3) C., VI, LVII, fr. 7.

N° 2. — *Succession testamentaire de l'émancipé.*

La *capitis deminutio* faisait disparaître le testament que le père avait pu faire pour son fils impubère. L'émancipé impubère ne pouvait donc pas avoir une succession testamentaire. En principe, le fils de famille pubère ne le pouvait pas davantage. Mais une importante dérogation fut admise : depuis Auguste le fils eut le pécule *castrense*, et sous Adrien il lui fut permis de tester *de peculio castrense*. Alors le testament devint valable malgré l'émancipation, et en outre fut étendu au reste du patrimoine de l'émancipé *quasi ex nova volontate*.

Les femmes en tutelle devaient pouvoir faire un testament valable, avoir l'autorisation du *manumissor* qui était libre de la refuser.

A ces différentes limitations, le prêteur ajouta des restrictions nouvelles imposées au profit du *manumissor*. L'émancipé put toujours disposer comme bon lui semblait au profit des *sui*, mais le don de la moitié de sa succession resta seul possible quand il était fait à des *extranei* qui se trouvaient en présence du *manumissor*. Ce dernier pouvait, s'il n'avait pas reçu la part qui lui était due, agir par une *bonorum posesssio contra tabulas* ou *dimidiæ partis* (3). Le reste du testament recevait quand même son exécution.

La réserve de la moitié était due aussi bien au *manumissor extraneus* qu'au père au sujet duquel certaines questions particulières doivent être examinées. Le père

---

(1) C'était la substitution pupillaire.
(2) Ce fut seulement Justinien qui lui donna la faculté de tester *de peculio quasi castrense*.
(3) Gaïus, III, 41.

venant à la succession comme *manumissor* ne reste pas moins père. Ulpien (1) indique ainsi cette idée : « Patrem
» autem accepta contra tabulas bonorum possessione et
» jus antiquum quod et sine manumissione habebat posse
» sibi defendere Justianus scripsit : nec enim ei nocere
» debet quod jura patronatus habebat cum sit et pater. »
Que faut-il faire entendre par ce : « jus antiquum quod et
» sine manumissionne habebat? » L'opinion qui admet un cumul des qualités de père et d'émancipateur semble peu admissible, car si elle était juste, le *pater* devrait avoir une *bonorum possessio* pour la totalité des biens (*unde decem personæ*). Je crois plutôt qu'il s'agit du *jus antiquum in caducis* que le père avait en vertu des lois caducaires. Si donc il vient à la succession de son fils comme *manumissor*, cela ne l'empêche pas de recueillir comme père les dispositions *in causa caduci* (2). Ce sentiment trouve sa confirmation dans un texte (3) qui donne au père un concours avec des *turpes personæ*, une *possessio totorum bonorum*. Tel est le seul cas dans lequel le choix du père émancipateur peut embrasser la succession entière.

Le père, même *non manumissor*, pouvait employer, contre le testament de son fils émancipé, la *querela inofficiosi testamenti*. Cette voie était suivie à défaut de tout autre moyen, car d'abord elle n'était pas sûre ; elle pouvait très bien faire obtenir seulement une part inférieure à la moitié de la succession, et en outre il suffisait qu'une

(1) D., XXXVII, XII, fr. 1, § 6.
(2) C., pr. Ulpien, XVII, 2. Peut-être est-il fait allusion dans notre texte à la *querela inofficiosi testamenti*. C'est l'avis de Pothier. (*Pand.*, XXVII, XII, art. I, § 3, en note.)
(3) D., XXVII, XII, fr. 3, pr.

libéralité eût donné au père le quart des biens pour qu'il fût privé de ce recours.

Contre le testament des filles on ne pouvait pas agir autrement. Et encore avait-on rarement lieu de le faire à cause des entraves de toute espèce qui entouraient la confection du testament des femmes (1).

Les descendants du *manumissor* n'avaient pas la *bonorum possessio contra tabulas* (2), et le père lui-même en était privé dans trois cas :

1° Lorsqu'il avait reçu une somme d'argent pour émanciper ses enfants (3) ;

2° S'il avait été contraint à l'émancipation (4) ;

3° Quand le fils avait fait un testament *jure militari* ou portant sur les *bona castrensia* (5).

Les lois *Julia* et *Papia Poppœa* ne parlent pas de la succession des émancipés. Aussi il est impossible de préciser les modifications qu'elles durent apporter en cette matière au droit antérieur. La loi *Pappia* augmentait les droits du patron sur les biens de l'affranchi *qui nummorum C millium, plurisve patrimonium reliquerit* (6). Cette disposition ne dut jamais être appliquée à l'émancipé qui ne se trouvait pas, par rapport au *manumissor*, dans une condition d'infériorité.

Les règles des lois caducaires sur le testament des filles sont plus accentuées. La fille émancipée n'est plus en tutelle si elle a trois enfants ; elle peut donc faire seule son testament. L'émancipateur ne pouvait cependant pas

---

(1) Gaïus, III, 43.
(2) D., XXXVII, XII, fr. 1, § 5.
(3) D., *eod. tit.*, fr. 1, § 3.
(4) D., *idem*, fr. 5.
(5) D., *idem*, fr. 1, § 5.
(6) Gaïus, III, 42.

être complètement exclu. Une part virile d'enfant lui était réservée par la loi *Pappia* (1).

La mère ne put jamais attaquer la succession testamentaire de son fils autrement que par la *querela inofficiosi testamenti*.

Une constitution de Justinien, connue seulement par l'analyse qu'en font les *Institutes* (2), modifia le droit précédent. S'il n'y a pas d'enfants, ou s'ils ne peuvent pas intenter la *querela inofficiosi testamenti* parce qu'ils ont été exhérédés justement par le père ou omis par la mère, le père émancipateur a droit à une réserve d'un tiers des biens. Il l'obtiendra par la *possessio contra tabulas*, ou même par la *querela inofficiosi testamenti*, mais sans pouvoir faire tomber le testament en entier.

N° 3. — *Successions « ab intestat » auxquelles peut prétendre l'émancipé.*

L'émancipé avait un patrimoine qui lui était propre. Cette faveur était considérée comme suffisante puisqu'il n'est cité dans aucune des catégories d'héritiers indiquées par la loi des douze Tables. Le préteur lui donna la *possessio unde liberi* qui lui permit de venir à la succession du *pater* avant les agnats et les *gentiles*.

La succession prétorienne des *sui* suivait, comme celle du droit civil, l'ordre des degrés. Néanmoins si le père émancipateur laissait en mourant un fils émancipé et des petits enfants restés en puissance, il aurait été inique de dépouiller complètement ces petits enfants (3). La moitié de l'hérédité leur était dévolue.

(1) Gaius, I, 194 ; Ulp., XXIX, 3.
(2) Avec ce que l'on avait déjà trouvé dans les Basiliques et ce qu'a fourni depuis le *palimpseste* de Vérone on a pu reconstituer plus ou moins exactement cette Constitution qui figure au Code VI, IV, 4. (*V.* l'éd. Kriegel).
(3) D., XXVII, VIII, fr. 1, § 1.

Si au lieu de venir comme *suus* à la succession, l'émancipé avait dû être appelé comme agnat ou comme *gentilis*, le droit prétorien ne modifiait pas le droit civil; la vocation, en tant que cognat, lui était seule ouverte jusqu'au sixième degré (1).

C'est dire que l'émancipé avait les « bonorum posses- » siones unde liberi, unde cognati, unde decem personæ, » unde patronus, patrona liberique et parentes eorum, » unde vir et uxor, unde cognati manumissoris. Les pos- » sessiones unde legitimi et tum quem ex familia » ne lui étaient jamais concédées.

Telles étaient les règles qui régissaient les successions légitimes de la loi des Douze Tables. Celles qui dérivaient de dispositions législatives postérieures ne subissaient pas l'influence de la *capitis deminutio*. Depuis Anastase, les frères et sœurs (2) émancipés succédèrent au rang d'agnats. En présence de frères et sœurs restés *in familia*, leur portion était limitée aux deux tiers de ce qu'ils eussent recueilli s'ils n'eussent pas été faits *sui juris* (3).

Justinien supprima ces restrictions et donna les droits des agnats aux frères et sœurs utérins aussi bien qu'aux frères et sœurs consanguins, ou, à leur défaut, à leurs enfants au premier degré (4).

N° 4. — *Successions testamentaires auxquelles l'émancipé est appelé.*

La liberté de disposition, donnée au *pater* par la loi des Douze Tables, fut modifiée par la coutume et par la jurisprudence.

(1) Jusqu'au 7ᵉ pour les enfants du *sobrinus*.
(2) Pas leurs decendants.
(3) C., V., XXX, l. 4; VI, LVIII, 15, § 1.
(4) Théophile sur le § 1 *De succ. cogn. V.* M. Accarias, 1ʳᵉ éd., n° 421. C., texte cité. — Pour compléter ce sujet, *voyez* plus haut les réformes organisées par Justinien en faveur de celui qui était adopté par un *extraneus*.

L'omission du fils rendit nul le testament. Les autres descendants prenaient, s'ils étaient omis, une part virile quand le *pater* avait institué un *suus*, une moitié si l'institué était un *extraneus* (1).

L'émancipé, par rapport au testament du père, était un *extraneus* dont l'omission était valable. Il en fut toujours ainsi pour les enfants adoptifs (2); mais le préteur exigea pour les enfants nés de justes noces, et pour leurs descendants par les mâles, une exhérédation expresse. Si elle n'était pas faite, la *possessio contra tabulas* (3) était accordée suivant l'ordre établi par l'édit, à propos de la *bonorum possessio unde liberi*.

Pour que les descendants de l'émancipé pussent arriver à la possession de biens dans la succession de leur aïeul, il était nécessaire que le père, à la place duquel ils doivent succéder, fût mort. S'il était exhérédé régulièrement, ses enfants, ne pouvant pas devenir un jour héritiers siens de l'aïeul, n'auraient aucune vocation successorale.

Lorsque le testament n'était pas valable, l'exhérédation n'excluait évidemment pas l'exhérédé de la succession *ab intestat* du *de cujus*.

Une hypothèse très curieuse est citée par Tryphoninus (4) : un père exhérède un fils qu'il avait *in potestate*, institue un étranger, et ne parle pas d'un autre fils qui est émancipé. Si l'*extraneus* fait addition d'hérédité, l'émancipé pourra venir à la succession par la *bonorum possessio*, et le fils resté en puissance sera exclu. Mais

---

(1) Gaius, III, 123, 124.
(2) Ulp., XXVIII, § 3; D., XXXVIII, IV, fr. 21.
(3) Gaius, II, 135.
(4) Eod. tit., fr. 20.

l'*extraneus* qui, à cause de la présence de l'émancipé, n'a aucun intérêt à accepter, peut renoncer ; l'exhérédation devient nulle et la succession est déférée *ab intestat*. Il aurait donc été possible d'acheter de l'*extraneus* l'avantage que son acceptation devait procurer à l'émancipé. Tryphoninus décide que le fils *in potestate* ne doit pas être complètement exclu de la succession, et qu'il pourra user de la plainte d'inofficiosité contre l'émancipé.

Un petit-fils émancipé par son aïeul pourrait, après la mort de son père, obtenir une *possessio bonorum* pour venir à la succession de ce père, bien qu'il n'eût jamais été en sa puissance ; car, s'il n'avait pas été émancipé par l'aïeul, il aurait été héritier sien de ce père (1).

La *bonorum possessio* avait des effets très restreints quand elle s'appliquait aux descendants par les femmes. Un rescrit d'Antonin le Pieux leur laisse seulement « quod jure adcrescendi consequerentur (2) ».

L'émancipé exhérédé expressément, au lieu d'être omis (3) ou institué pour une part moins forte que celle qui lui était attribuée par l'édit dans la succession *ab intestat* des ascendants paternels, fut encore sur ce point assimilé par le préteur à l'enfant en puissance, et il put employer la *querela inofficiosi testamenti*.

Est-il besoin d'ajouter que la *bonorum possessio contra tabulas* ne fut jamais donnée contre les testaments des femmes, qui ne pouvaient point avoir d'héritiers siens. Dans la succession d'une ascendante, l'émancipé réclamait donc l'application du droit commun, basé sur

---

(1) D., XXXVII, IV, fr. 6, § 2.
(2) Gaius, II, 126. Et pourtant puisqu'elle fait réputer le *de cujus* mort intestat, elle aurait dû avoir ici ses effets ordinaires.
(3) L'omission ne lui était plus opposable.

les liens du sang, que l'émancipation ne modifiait pas.

Justinien confirma les règles portées par le préteur, et il supprima les diffférences qui étaient fondées sur le sexe, aussi bien au point de vue de la vocation héréditaire qu'au point de vue de l'exhérédation (1).

N° 5. — *De la « collatio bonorum ».*

Le fils mis hors de la *familia* perdait tous ses droits de famille en acquérant le droit d'avoir un patrimoine propre. A l'origine la compensation pouvait être exacte. Mais quand des droits successoraux, basés sur la parenté naturelle, lui eurent été conférés par le préteur, il sembla juste qu'il ne prît pas dans les biens du *pater*, augmentés par le travail des enfants restés *in potestate*, une part aussi forte que la leur. En conséquence, il les dédommageait au moyen de la *collatio bonorum*. Les jurisconsultes désignent ainsi le rapport des biens personnels de l'émancipé à la succession du *pater*. « Hic titulus manifestam habet æqui-
» tatem ; quum enim prætor ad bonorum possessionem
» contra tabulas emancipatos admittat, participesque
» faciat cum his qui sunt in potestate, bonorum pater-
» norum consequens esse credit, ut sua quoque bona in
» medium conferant, qui appetant paterna (2). »

A. — *A qui la* collatio *est-elle due et par quelles personnes ?*

La *collatio* est due par tous ceux qui succèdent, appelés par le préteur, après avoir subi une *capitis deminutio*. Le rapport est donc imposé à l'émancipé (3), et il est dû aux

---

(1) C., VI, XXVIII, 4.
(2) D., XXXVII, 6, fr. 1 pr.
(3) D., XXVII, VI.

seuls enfants même posthumes en puissance. Les émancipés ne peuvent pas y prétendre (1), et il s'accomplira seulement dans la succession d'un ascendant mâle.

Tel était le droit classique ; les petits enfants issus d'une fille émancipée n'avaient, dans la succession de leur aïeul, que la *possessio unde cognati*. Valentinien, Théodose et Arcadius les appelèrent, quand leur mère était morte, à concourir avec les frères et les sœurs qu'elle laissait (2).

Sous Justinien l'enfant adopté, et ensuite émancipé par un *extraneus*, fait toujours partie de sa famille naturelle et ne doit pas être astreint à la *collatio* (3).

B. — *Dans quels cas la* collatio *est-elle due ?*

L'émancipé doit la *collatio* lorsqu'il accepte la succession qui lui est déférée par l'Édit. S'il venait à la succession du *pater* appelé par un testament, aucun rapport ne serait dû, même s'il demandait la *bonorum possessio contra tabulas* à l'occasion d'un autre enfant. Du reste, l'institué pourrait être forcé par le testateur à faire la *collatio*, et il y serait encore obligé s'il obtenait par la *bonornm possessio* qu'il a demandée plus que par l'institution.

En résumé, la règle générale est celle-ci : c'est seulement quand l'émancipé tire sa vocation de l'édit qu'une inégalité est produite et qu'elle doit être réparée par la *collatio*. Pour qu'elle fût due, il fallait donc d'abord que la présence de l'émancipé causât un préjudice aux *sui*.

---

(1) La loi I, § 16, DXXVII, VIII, semble contredire cette règle. Les explications données sur ce point par les auteurs ne sont pas concluantes. Il est préférable d'admettre avec Cujas que ce texte a été altéré. Pothier est du même avis, mais il propose une restitution différente. Pothier, XXVII, VI, n° XXVI, *Pandectes*.

(2) Avec une diminution d'un tiers.

(3) A cette époque la *collatio* n'étant plus spéciale à l'émancipé en concours avec des *sui*, la question n'a aucun intérêt.

Ainsi je suppose un *extraneus* institué pour trois quarts, un *suus* institué pour un quart, et un émancipé omis ; si ce dernier fait tomber le testament, le *suus* aura la moitié de la succession au lieu de n'en avoir qu'un quart, et la *collatio* ne sera pas due. Elle ne le sera pas davantage, lorsque l'émancipé est en présence de ses enfants restés *in potestate*, aux héritiers autres que ces enfants, et cela parce que le concours ne s'établit qu'entre eux et leur père.

Si un étranger a été institué, un émancipé omis et un *suus* exhérédé, supposons que l'institué répudie (1). Il n'y aura pas *collatio* (2) parce que le *suus* profite de la présence de l'émancipé qui a décidé l'étranger à répudier, et les deux enfants viennent en concours au moyen de la *bonorum possessio unde liberi.*

Était-il nécessaire, pour que la *collatio* eût lieu, que l'émancipé et l'enfant en puissance vinssent à la succession *eodem jure ?*

Dans cette question controversée, je crois que la solution affiirmative doit être préférée. Ulpien (3) dit : « Inter eos datur collatio quibus possessio data est », c'est-à-dire, le rapport est dû entre ceux qui viennent en vertu de l'édit (4). Plusieurs textes confirment cette opinion : Un père a exhérédé sa fille et institué son fils émancipé. La fille par la *querela inofficiosi testamenti* fait tomber le testament pour moitié, l'émancipé n'est pas tenu à la *collatio* (5). La *querela* annule en effet l'institution et les

---

(1) Il serait toujours écarté par la *bonorum possessio contra tabulas*.
(2) Tryphoninus.
(3) D., XXXVII, VI, fr. 1, § 1.
(4) Si, en effet, un des héritiers vient en vertu du droit civil, il y a préjudice réciproque et une compensation n'est plus nécessaire.
(5) Papinien, D., XXXVII, VII, fr. 6.

charges pour moitié, sauf les libertés qui subsistent. Le fils vient donc comme héritier testamentaire et la fille comme héritière *ab intestat*, ils se trouvent donc être *diverso jure* (1).

La loi 7 h. t. (2) est encore plus formelle : « Nec ipsa » dotem fratribus suis conferet quum diverso jure fratres » sunt heredes. » Ce texte de Paul est placé immédiatement après le texte de Papinien que je viens de citer, et il en est la confirmation. On a voulu lui donner une autre signification : la fille ne devrait pas rapporter sa dot à ses frères émancipés, c'est-à-dire la *collatio* ne serait pas due aux héritiers prétoriens. Rien dans le texte n'impose cette façon de le comprendre.

Sous Justinien, la condition de se trouver *eodem jure* dut disparaître (3).

En résumé, pour que la *collatio* ait lieu, il faut :
1° Que l'émancipé soit appelé par le droit prétorien ;
2° Qu'un préjudice soit causé aux *sui* ;
3° Que les *sui* et l'émancipé viennent à la succession *eodem jure*.

Quand l'émancipé ou le *suus* arrive à l'hérédité par la *querela inofficiosi testamenti*, plusieurs hypothèses peuvent se produire suivant que l'un d'eux aura été exhérédé ou bien qu'ils l'auront été l'un et l'autre.

a) Le *suus* est exhérédé et l'émancipé institué, la *querela* fait tomber le testament pour partie. La *collatio* n'est pas possible puisque l'un vient comme héritier testamentaire, l'autre comme héritier *ab intestat*.

---

(1) Pothier suppose avec le fils un étranger institué lui aussi. C'est inutile.
(2) XXXVII, VII,
(3) Ce n'est pas l'avis de Cujas.

b) L'émancipé est institué et le *suus* exhérédé, la solution est identique.

c) L'émancipé est exhérédé et le *suus* omis. Le *suus* invoquera, s'il le veut, la nullité du testament. S'il ne le fait pas, l'émancipé peut user de la *querela inofficiosi testamenti*. Dans les deux cas, le testament tombe en entier, les deux enfants auront conjointement la *bonorum possessio* et la *collatio* aura lieu.

d) L'émancipé est omis et le *suus* exhérédé; si l'institué ne renonce pas, le *suus* ne peut employer que la *querela*. L'émancipé, au contraire, pourra obtenir *la bonorum possessio contra tabulas*. Ils sont donc, par rapport à la succession, *diverso jure*, et il n'y aura pas *collatio*.

e) L'émancipé et le *suus* exhérédés ont tous les deux la *querela*. S'ils réussissent, ils viendront à la succession *ab intestat* par la *possessio unde liberi* et la *collatio* aura lieu.

C. — *De quelle façon se produisait la* collatio, *et sur quels biens elle portait.*

Les héritiers profitaient du rapport des biens personnels de l'émancipé ou de leur estimation. Ou bien un prélèvement d'une quantité équivalente d'objets héréditaires pouvait être faite. Dans ces deux cas, la *collatio* s'opérait *re*; elle était faite *cautione* quand son éxécution était garantie par une promesse accompagnée de satisdation.

Avant que la *collatio* fût faite, *la bonorum possessio* était accordée, mais il fallait qu'elle fût accomplie pour que l'action héréditaire fût donnée par le préteur. Qand elle était opérée pour partie, une quantité correspondante de la succession était dévolue à l'émancipé. Les cohéritiers de l'émancipé n'eurent jamais une action pour exiger le rapport; si la *collatio* ne pouvait pas *per inopiam* être effectuée, on attendait que des cautions fussent trouvées, et les enfants, restés en puissance, obtenaient la délivrance des choses susceptibles de se détériorer (1). Quand la détresse de l'émancipé était trop grande pour qu'il lui fût possible de donner caution, un curateur détenait alors la portion de l'émancipé, et ne lui en remettait aucune partie sans que la *collatio* eût été accomplie (2).

D'une façon générale, la *collatio* devait comprendre tous les droits pécuniaires de l'émancipé. Tout ce qu'il avait au moment du décès du père était donc rapporté. La règle s'appliquait même aux choses qui n'étaient plus dans son patrimoine, lorsque c'était par mauvaise foi qu'il avait cessé de les avoir (3).

Les choses qui n'auraient point été acquises par le *de cujus* si le fils fût resté *in potestate* n'étaient point soumises au rapport. Il faut citer comme exemples les pécules *castrense* et *quasi castrense* (4), les biens qui étaient acquis après le décès du père, ce qui était donné au fils pour soutenir la charge de la dignité dont il était revêtu (5). Parmi les archives, l'*actio injuriarum* n'était pas soumise au rapport, parce qu'elle visait plutôt la réparation de l'injure que l'acquisition d'une somme d'argent. La règle était différente pour l'*actio furte* (6).

---

(1) D., XXXVII, VI, fr. 2, § 9.
(2) *Eod. tit.*, fr. 1, § 10.
(3) *Eod. tit.* fr. 1, § 23.... « Cætérum si id egit ne acquireret, non venit in collationem; nam hic et sibi insidiatus est. »
(4) *Eod. tit.*, fr. 1, § 15.
(5) *Idem*, fr. 1. § 16.
(6) *Idem*, fr. 11, § 4.

Les biens personnels de l'émancipé une fois rapportés, le partage avait lieu par parts viriles (1), et la part virile attribuée à chaque émancipé était calculée suivant le nombre des enfants *in potestate* auxquels on ajoutait un émancipé.

Quand le préjudice causé aux *sui* était partiel, comment pouvait-on l'estimer? Fallait-il rechercher quel était le *quantum* enlevé au *suus* par rapport à l'hérédité entière, ou seulement par rapport à la portion qu'aurait eue le *suus* sans la présence de l'émancipé? Voici la décision de Pothier qui ressort d'un texte de Julien (2) : si l'héritier sien auquel la *collatio* est due a été par exemple institué héritier conjointement avec des étrangers, l'émancipé rapportera une part de ses biens équivalente à la portion qu'il enlève au *suus* dans la succession paternelle. Ainsi, quand le fils *in potestate* a été institué pour les trois quarts, et un *extraneus* pour un quart, l'émancipé qui aura obtenu la possession de biens ne rapportera qu'un quart, parce qu'il a seulement enlevé un quart à son frère.

Justinien remania complètement le système successoral qui jusqu'alors avait été en vigueur. Les conséquences de l'émancipation et de la puissance paternelle, par rapport aux successions *ab intestat*, se trouvèrent supprimées, et en conséquence la *collatio* disparut.

---

(1) *Idem*, fr. 1, § 24.
(2) *Idem*, fr. 1, § 3. Pothier, *Pand.* XXXVII, VI, art. IV, *in fine*. C'est, je crois, l'interprétation la plus naturelle de ce texte.

APPENDICE.

Révocation de l'émancipation.

L'irrévocabilité de l'émancipation était admise en principe. Ses effets étaient produits d'une façon définitive, et si, plus tard, une adrogation faisait rentrer l'enfant dans sa famille, elle créait de nouveaux liens et de nouveaux droits sans faire revivre les anciens.

Néanmoins, le père devait pouvoir, comme le patron pour l'affranchi, reprendre sous sa puissance l'émancipé coupable d'ingratitude.

La loi *Ælia Sentia* avait respecté l'irrévocabilité de la liberté concédée à l'affranchi (1). Claude appliqua pour la première fois le principe opposé, en décidant que le *libertus* qui aurait soulevé un procès mettant en question l'état de son patron deviendrait de nouveau son esclave. Sous Néron, le Sénat désira, sans succès, voir cette décision généralisée; et c'est Commode qui admit d'une façon générale que l'ingratitude de l'affranchi le ferait retomber en esclavage. Sous Justinien, la situation ne changea pas, mais encore fallait-il, comme auparavant, que l'ingratitude fût caractérisée par des actes d'une certaine gravité, comme le refus d'aliments, ou des violences matérielles.

Telles étaient les règles qui, avec des modifications, devaient être sans doute appliquées aux émancipés. Aucun texte de l'époque classique ne mentionne, il est vrai, la révocation de l'émancipation; mais Ulpien cependant s'exprime ainsi (2): « Qui liberatus est patria

---

(1) D., I, VII, fr. 12.
(2) L'ingratitude des affranchis ne restait pas pour cela impunie. Le

» potestate, is postea in potestatem honeste reverti non potest. » Dans le mot *honeste*, on peut trouver une raison valable de décider.

En outre, une constitution de Valentinien, Valens et Gratin, reconnut aux pères maltraités par leurs enfants le droit de recouvrer la puissance qu'ils ont abdiquée. Et il est fait allusion dans cette constitution, c'est là un point essentiel, à des lois qui avaient consacré antérieurement la même règle (1).

Quelles étaient ces lois ? Nous ne le savons pas, les documents précis font défaut. Peut-être s'agit-il de la loi des Douze Tables. On peut aussi conjecturer que l'ingratitude était appréciée d'une manière plus stricte pour les affranchis que pour les enfants. Le refus d'aliments devait être sanctionné « ... *Necare videtur... et qui alimonia denegat...* » (2). Une certaine liberté d'appréciation était du reste laissée au magistrat, car il ne faut pas oublier que la rescision de l'émancipation n'eut jamais lieu de plein droit.

---

patron pouvait les faire condamner à la relégation au delà de vingt mille de Rome. Plus tard, ils purent être condamnés aux carrières, et enfin la peine fut laissée à la discrétion du préfet de la ville, ou du président de la province. *V.* M. Accarias, éd. de 1874, t. II, p. 74.

(1) C., VIII, L., l. un. « Filios et filias ceterosque liberos contumaces, qui parentes vel acerbitate convicii vel cujuscumque atrocis injuriæ dolore pulsassent, leges, emancipatione rescissa, damno libertatis immeritæ mulctare voluerunt. » *V.* aussi *Frag. vat.*, 248.

(2) Paul, D., XXV, 3, fr. 4.

TABLE DES MATIÈRES

Pages.

INTRODUCTION 1

DROIT ROMAIN

Préliminaires. — Généralités sur la puissance paternelle........ 4
Dissolution de la puissance paternelle

CHAPITRE I

I. Modes de dissolution se produisant sans *capitis deminutio* du fils... 10
II. Modes de dissolution emportant *capitis deminutio* du fils 18

CHAPITRE II. — DE L'ÉMANCIPATION.

PREMIÈRE PARTIE. — Formes et conditions de l'émancipation

I. Formes... 28
   § 1. Formes anciennes....................................... 28
   § 2. Formes à l'époque classique, sous Anastase et sous Justinien... 33
II. Conditions de fond... 36
   § 1. Preuve et validité de l'émancipation................... 36
   § 2. Quelles personnes peuvent figurer dans l'émancipation et y consentir... 39

IIe PARTIE. — Effets de l'émancipation.

I. Effets généraux.. 45
   Quelles sont les personnes dont la condition est modifiée par l'émancipation?... 45
II. Effets spéciaux.. 47
   § 1. *Capitis deminutio* subie par l'émancipé................ 47
   § 2. Rapports de l'émancipé et du *pater*.................... 59
   § 3. Droits de patronage sur l'émancipé...................... 63
   § 4. Successions dans lesquelles figure l'émancipé........... 66

	Pages.
N° 1. Succession *ab intestat* de l'émancipé..................	67
N° 2. Succession testamentaire de l'émancipé..............	73
N° 3. Succession *ab intestat* à laquelle un émancipé est appelé.	76
N° 4. Succession testamentaire à laquelle un émancipé est appelé..	77
N° 5. De la *collatio bonorum*............................	80
A. A qui la *collatio* est due et par quelles personnes.........	80
B. Dans quels cas la *collatio* est due......................	81
C. De quelle façon se produisait la *collatio* et sur quels biens elle portait...	84
APPENDICE. — Révocation de l'émancipation..................	87

DROIT FRANÇAIS

DE L'AUTORITÉ DU PÈRE
SUR LA PERSONNE DE SES ENFANTS

PREMIÈRE PARTIE
RÉSUMÉ HISTORIQUE.

I

Les notions que nous possédons sur le droit des Gaulois ne sont pas nombreuses. C'est dans les *Commentaires* de César qu'il faut les chercher, ou dans quelques passages de Tacite et de Strabon.

« Viri in uxores, sicut in liberos, vitæ necisque habent » potestatem (1). » De ce texte, on peut conclure que la polygamie était admise, et que le pouvoir du père était souverain. Mais si ce pouvoir était sans limite dans son étendue, il était au moins restreint dans sa durée, car un autre texte de César (2) nous apprend que le fils deve-

---

(1) César *Com.*, VI, 19.
(2) Id. — VI, 18.

naît un guerrier et l'égal de son père, dès qu'il avait été déclaré capable de porter les armes.

Le mariage était-il lui aussi une cause d'émancipation? M. Laferrière l'a pensé. « En effet, dit-il, contrairement à ce qui se passe à Rome, l'aïeul, chez les Gaulois, n'apparaît point revêtu de la qualité prédominante de chef de famille. C'est le père qui a le droit de vie et de mort sur ses enfants, le mari sur son épouse. Le mari, ayant même un pouvoir absolu sur sa femme, devait être nécessairement en possession de ses droits, *sui juris* : car on ne peut pas avoir la puissance quand on est soi-même en puissance : « in sua potestate non videtur habere, qui » non est suæ potestatis. » Le pouvoir suprême, reconnu par Jules César dans la main du mari, suppose donc que le mari était maître de ses droits, qu'il était affranchi de la puissance paternelle par sa qualité de mari ; en d'autres termes, qu'il était émancipé par le mariage. »

C'est surtout chez les peuples déclarés par César libres ou alliés que se trouve le principe de l'émancipation par le mariage, et M. Laferrière a cru pouvoir lui attribuer une origine celtique. Le doute est cependant assez légitime, et l'on peut croire que si l'enfant gaulois après son mariage était *sui juris*, c'était parce qu'il ne pouvait pas se marier avant un certain âge, à partir duquel il était émancipé. Le mariage n'aurait donc pas eu pour effet propre de produire l'émancipation. Cette discussion n'a qu'une importance relative, et que l'enfant fût émancipé par l'âge (1) ou aussi par le mariage, peu importe ! Il n'est pas moins certain qu'il était, à un moment

---

(1) 14 ans. Lois Galloises du xe siècle. V. Kœnigswarter, *Hist. de la famille en France*.

donné, soustrait à la puissance de son père encore vivant, sans que celui-ci pût s'y opposer.

II

Pendant les cinq siècles qui s'écoulèrent entre la conquête romaine et l'invasion des Germains, les mœurs et les coutumes propres des Gaulois disparurent probablement. L'élément celtique a dû avoir sur la formation de notre ancien droit une influence incontestable, mais il ne faudrait pas lui attribuer une importance trop grande.

Les Romains laissèrent-ils aux Gaulois leur droit et leurs coutumes? Ce n'est pas démontré. Claude, qui abolit le druidisme, vers l'an 45 de notre ère, décida que la justice serait rendue en latin. Et, en supposant que la législation romaine n'eût pas été imposée aux vaincus, le droit de la nation conquise devait, par la force des choses, finir par se fondre entièrement dans celui des vainqueurs, qui était beaucoup plus civilisé. On peut donc croire que l'état juridique des Gaules dût être complètement romain au moment de l'invasion des Germains (1).

Lorsque la Gaule perdit son indépendance, la famille romaine avait déjà subi de profondes modifications. Il faut chercher les sources du droit romain en Gaule, dans les *Institutes* de Gaïus et les *Sentences* de Paul qui y étaient en honneur, et aussi dans les Codes grégorien et hermogénien, dans la loi des *Citations*, le Code théodosien et dans le *Bréviaire* d'Alaric, qui était considéré

---

(1) C'est l'avis de MM. Giraud, Pardessus et Klimrath.

comme une des bases de la législation. C'était, avec le Code théodosien, le seul recueil chrétien. Une assemblée de clercs et de grands de la Narbonnaise et d'une partie de l'Aquitaine lui donna l'assentiment général. Le clergé l'adopta, et cela seul explique la faveur dont il put jouir. Il faut citer aussi la *lex romana Burgondiorum*, dont l'importance fut beaucoup moindre.

J'ai déjà dit quelle était la dureté originaire de la puissance paternelle romaine, et j'ai indiqué les modifications qui furent apportées. Sous Justinien, la vente des enfants n'est permise que si une grande misère la justifie, et il est permis à toute personne de libérer l'enfant en indemnisant l'acquéreur. Si les empereurs chrétiens permettaient la vente des nouveaux-nés, ce n'était pas dans le but de consacrer le pouvoir du père, mais pour empêcher l'exposition des enfants. On les vouait à l'esclavage pour les arracher à la mort.

Telle était la situation en Gaule.

A propos de la légitimation, on peut formuler une observation. Elle engendrait là, comme à Rome, des effets semblables à ceux des *justæ nuptiæ*. Cependant, si Justinien n'affirmait pas que la légitimation *per oblationem curiæ* conférait au père la puissance paternelle, on pourrait croire qu'elle ne produisait pas ce résultat. D'ailleurs, il n'est pas prouvé que ce mode fut admis dans le droit gallo-romain, car le *Bréviaire* d'Alaric ne contient pas la constitution de Théodose et de Valentinien de 442. Quant à la légitimation par rescrit du prince, les *Novelles* de Justinien l'instituèrent, et elle ne fut pas en usage à l'époque gallo-romaine.

Voilà les principales règles qui furent observées spécialement en Gaule, pendant l'invasion romaine. Bientôt paraîtront les premières traces de la division qui, dans les siècles suivants, séparera le Nord et le Midi.

III

Chez les Germains, la famille était une association importante. Les individus qui la composaient se devaient assistance, et elle était responsable du tort que ses membres faisaient à autrui. L'individualité de chaque membre demeurait cependant plus distincte qu'à Rome, et la puissance du père, organisée dans un but de protection pour l'enfant, est totalement différente de la *patria potestas* romaine (1).

Il est impossible de préciser quelles étaient, sur ce point, les idées et les coutumes des premiers Germains, parce qu'aucun document législatif ne fut rédigé avant le ve siècle; or, les lois de cette époque portent déjà la marque d'une civilisation assez avancée.

L'autorité paternelle embrassait la garde de la personne et des biens de l'enfant. L'exposition des nouveaux-nés dut exister. Tacite (2) semble dire que de son temps cette coutume avait disparu.

Le pouvoir du maître sur ses esclaves n'était pas très rigoureux, on peut donc conclure, malgré le silence de Tacite, que celui du père devait être assez doux. Le père était sans doute le gardien de ses enfants, et non leur maître ; c'est ce qui a fait dire à un vieux commentateur ce mot qu'il ne faudrait pas prendre tout à fait à la

---

(1) Si l'on croit Tacite, *Germ.*, XX, le fils d'une sœur est aussi cher à son oncle qu'à son père.
(2) *Germ.*, XX.

lettre : « jure Longobardorum filii non sunt in potestate » patris. »

C'était au père qu'incombait le devoir de défendre ses enfants ; aussi était-ce lui qui recevait les compositions pour ceux qui étaient sous sa garde, et le prix d'achat (dot) pour les filles qu'il mariait.

— Le mariage émancipait les fils et les filles. Le *mundium*, en effet, n'était plus nécessaire et l'enfant marié était considéré comme n'ayant plus besoin de la protection de son père. Au début peut-être, le développement physique de l'enfant servit-il seul de règle, et une ancienne coutume d'Islande fixe la majorité de l'enfant à douze ans, pourvu qu'il puisse défendre son bien, protéger sa vie, porter son bouclier et tendre son arc (1).

Lors de la rédaction des lois barbares, on voulut indiquer un âge fixe qui rendrait l'enfant majeur. Mais ces lois n'admirent pas le même âge et certaines fixèrent même des âges différents, suivant qu'il s'agissait d'accomplir tel ou tel acte de la vie civile. Ainsi, d'après la loi des Visigoths, si la majorité a lieu à quinze ans, l'âge de vingt ans est nécessaire pour gérer une tutelle, et, dans certains cas, l'enfant pourra tester dès dix ans. La loi salique fixait la majorité à douze ans.

L'enfant issu d'un mariage contracté dans les conditions légales était seul uni au père. Le bâtard ne faisait pas partie de la famille, et les lois lombardes seules l'investissaient de quelques droits successoraux.

L'adoption et la légitimation étaient peut-être en usage. Toutefois, ce point n'est pas hors de doute, malgré l'exis-

---

(1) C. f, Tacite, *Germ.*, XIII. Kœnigswarter, *Organisation de la famille en France*, l. c.

tence reconnue d'une légitimation spéciale qui n'était en réalité qu'une reconnaissance par laquelle l'enfant ne devenait pas tout à fait légitime. Des cérémonies symboliques l'accompagnaient : le père prenait l'enfant sur ses genoux, le couvrait de son manteau, ou encore chaussait avec lui le même soulier (1).

Les mineurs orphelins étaient protégés par une sorte de tutelle qui appartenait au plus proche parent mâle de la ligne paternelle. Les lois des Burgondes et des Visigoths donnaient, il est vrai, à la mère veuve qui ne se remariait pas la garde de ses enfants, mais c'est là une décision qui n'appartient pas à l'organisation juridique de la famille germanique, et on y voit l'influence d'idées étrangères au *mundium*.

Il est probable que le tuteur qui était le plus proche héritier du pupille, acquérait les fruits et les revenus de la fortune du mineur. Bien que les lois barbares n'en parlent pas, des traces nombreuses de cette organisation se trouvent dans les législations postérieures.

IV

Nous devons traverser l'époque des Mérovingiens et arriver à Charlemagne pour trouver dans les *Capitulaires* un texte qui, du reste, n'offre point une grande importance : « Hoc magno studio admonendum est, ut filii
» honorent parentes suos, quia ipse Dominus dicit : honora
» patrem tuum et matrem tuam, ut sis longuævus super
» terram quam Dominus dabit tibi (2).

---

(1) Michelet, *Origines du droit français*.
(2) Cap. 65, l. 1.

Un capitulaire de Charles le Chauve montre que la vente des enfants avait encore lieu, puisqu'il déclare que les pères, contraints par la nécessité de vendre leurs enfants, pourront les racheter, en payant à l'acheteur une indemnité.

Charlemagne s'était beaucoup occupé des enfants ; les prêtres devaient, dans chaque paroisse, leur apprendre à lire, et de nombreuses écoles avaient été fondées. Malheureusement les institutions du grand roi ne devaient pas rester longtemps florissantes.

La distinction entre la noblesse et le reste du peuple s'affirmait. Si le colon avait des droits déterminés par le contrat qui le liait au sol, il n'en était pas ainsi du serf qui ne jouissait pas d'une situation juridique qui lui fût propre. En pratique, sa vie n'était pas aussi horrible qu'on l'a voulu dire, mais son état variait suivant les pays, et une grande confusion existait dans l'état des personnes à cette époque. Chaque seigneurie voit naître des coutumes qui sont un mélange de lois anciennes appropriées au besoin du moment.

Les auteurs du temps, utiles à consulter sur le progrès réalisé par les mœurs, sont en général trop vagues pour qu'il soit possible d'y trouver un exposé de l'état de la législation dans leur siècle.

Peut-être l'autorité du seigneur était-elle trop absorbante pour que l'on mît en relief la puissance du père ! Sans doute le baron féodal, puissant comme il l'était, dut inspirer un grand respect à ceux qui l'entouraient, et surtout à ses enfants. Toutefois, quand il voulait marier sa fille, la volonté du souverain pouvait contrarier la sienne ; c'était une restriction à l'autorité qu'il avait sur chaque membre de sa famille. La fille était souvent sacrifiée, car le suzerain n'admettait pas qu'elle choisît un mari parmi les ennemis du jour, bien qu'ils devinssent souvent les alliés du lendemain.

Sous Louis le Débonnaire, un plaid de 817 institua le droit d'aînesse. Lothaire fut couronné empereur et ses frères ne purent ni se marier, ni faire la guerre ou la paix, sans son autorisation. Au xie siècle, la supériorité de l'aîné est généralement reconnue, et son autorité arriva même quelquefois à une exagération que les passions du moment peuvent seules faire comprendre, puisque certains fils ne craignirent pas de vendre l'honneur de leur sœur (1).

Pour les orphelins existait la garde seigneuriale. Son origine n'est pas certaine, et elle présente des rapports assez grands avec l'antique *mundium*. Au début, la garde de la personne du pupille et la gestion de ses biens furent réunis dans la même main. A une époque moins lointaine, quand le régime féodal commença à perdre de sa rigueur, la garde des enfants ayant fief fut déléguée par le seigneur à un de leurs parents. Ce fut l'origine de la garde noble « Bail, garde, mainbourg, gouverneur, légitime administrateur sont quasi tout un ; combien que jadis, et encore en aucuns lieux, garde se dit en ligne directe et bail en collatérale (1). » Un ancien auteur dit même à ce propos que les termes de bail et de pédagogue se confondaient. Cependant, en France, ces deux expressions n'étaient pas synonimes, on peut en trouver la preuve dans un sermon de saint Bernard : « Super aspidem et basilicum... ambulabas... quam necessarius

---

(1) M. Legouvé, *Histoire morale des femmes*.
(2) Loysel, *Inst. cout.*, t. IV, 1.

» pedagogus, uno et bajulus (1) parvulo... » Plus tard, des abus se produisirent et l'on prit l'habitude d'affermer la garde des biens du mineur à un étranger. Au début du droit coutumier, garde signifiait encore plus spécialement le pouvoir du père et de l'aïeul, et bail la tutelle des collatéraux. Cette distinction ne fut cependant pas générale, et la coutume de Vermandois appelle bail la puissance paternelle. Une grande différence existait pourtant entre le gardien et le baillistre : le premier rendait compte des fruits produits par les biens du mineur, tandis que le baillistre les faisait siens. Mais ces différences ne furent pas toujours observées dans les mots surtout, et les termes bail et garde furent souvent employés l'un pour l'autre.

Pendant cette période, le droit romain fut encore prépondérant. Au XIII° siècle, les pères avaient une autorité si grande sur leurs enfants qu'ils pouvaient les consacrer irrévocablement à la vie religieuse, même avant leur naissance.

En résumé, ce qui domine tout à cet époque, c'est la volonté du seigneur se faisant législateur, un peu suivant son caprice ; aussi les coutumes de la basse classe sont fort obscures, et au XI° siècle à peine commence pour les roturiers l'existence d'une législation qui tend à devenir distincte du droit féodal.

V

J'ai exposé les règles du droit romain qui, après avoir régi toute la France, furent appliquées seulement dans les pays dits de droit civil.

---

(1) Nom donné aux gardiens du Bail dans de vieilles coutumes. Dumoulin, sur l'art. 1 du ch. 35 de la Coutume du Loudunois.

Si, continuant l'étude de notre droit national proprement dit, je recherche ce que fut, dans les pays de coutumes, l'autorité du père sur ses enfants, il me faut, dans la diversité des coutumes en vigueur, faire ressortir les règles les plus vaillantes et aussi les plus généralement admises.

Accurse, qui vivait vers la fin du xiie siècle disait : « Aliæ » vero gentes quædam ut servos tenent filios ut Sclavi, » aliæ ut prorsus absolutos, ut Francigenæ. » Quelques juristes ont exagéré la portée de ce texte. Suivant eux, dans le Nord la puissance paternelle n'existait pas. C'est aller beaucoup trop loin, et de cette affirmation on peut induire une seule chose : dans le Nord, la puissance paternelle avait perdu l'ancienne dureté qu'elle conservait seulement dans le Midi de la France. Au xvie siècle (1) seulement, s'introduisit dans le droit coutumier la règle « droit de puissance paternelle n'a lieu », et encore ne faut-il pas voir en elle l'expression de la situation générale.

On la trouve pour la première fois dans la *Coutume de Senlis*, rédigée en 1539. Le procès-verbal de cette coutume est ainsi conçu : « Après la lecture des articles de coutumes couchez au tiltre des donations, les assistants et députés des trois Estatz ont requis l'article CCXXj estre adiouté audit coutumier pour y servir d'article de coutume. Ce qu'avons ordonné être faict du consentement des dicts assistants (2) ».

Beaucoup de coutumes au contraire admettaient la puissance paternelle, et il est impossible de croire avec

---

(1) M. Laferrière.
(2) Dumoulin, t. I, *Cout. de 1581*.

Mornac (1) à la valeur juridique d'un arrêt de 1599 rendu en robes rouges, qui aurait supprimé la puissance paternelle. A Paris, bien que la coutume fût muette, on dut user de cette puissance peu après la mort d'Accurse. La preuve s'en trouve dans certaines décisions de Jean Desmarés : « Quand aucun est prisonnier des ennemis du prince, ceux qui étaient en sa puissance n'y sont plus jusques à tant qu'il soit délivré, ainsi est reputé pour mort de sa prise..... (2). » D'autres auteurs anciens ne sont pas moins explicites. « Maistre Jean Imbert, homme de singulier jugement et profonde érudition, en son Manuel de droit écrit tient notamment que les enfants de ce royaume de France sont présumez toujours estre constitués sous le pouvoir paternel s'il n'est prouvé qu'ils aient été émancipés, ou qu'ils aient demeuré, par l'espace de 10 ans, hors de la maison de leur père (3). »

Certaines coutumes, du reste, s'étaient expliquées d'une façon catégorique, mais que faut-il conclure du silence des autres? Un commentateur de la Coutume de Bourgogne prétend que la puissance paternelle était admise d'une façon générale dans les pays de coutume, elle subsistait donc partout où une clause prohibitive n'existait pas. Cette opinion, malgré les avantages pratiques qu'elle présentait, ne prévalut pas, et l'on ne saurait trop dire si, à la fin du xviiie siècle, l'autorité du père était dans les coutumes muettes réellement plus forte que dans la Coutume de Senlis, qui la repoussait expressément (4). Même dans les autres coutumes, on ne trouve bien entendu que

---

(1) M. Beaune, *La condition des personnes...*, p. 560,
(2) Déc. 36. Eus. de Laurière sur Loysel.
(3) Philibert Bignon : *Traité des lois abrogées.* Paris, 1602.
(4) M. Chrestien de Polly.

l'ombre de la *patria potestas* admise à l'origine. « Notre puissance paternelle, dit Pothier, plus semblable à celle d'un tuteur que d'un maître, n'est autre chose que le droit que les parents ont de gouverner, avec autorité, la personne et les biens de leurs enfants. »

Le pouvoir du père, tel qu'il était organisé, s'appliquait seulement aux enfants légitimes, ou à ceux qui étaient légitimés par mariage subséquent. Depuis longtemps, c'est le seul mode de légitimation qui soit en usage, et certains actes symboliques l'accompagnent encore : « Enfants nés avant le mariage, mis sous le poêle, sont légitimés. » On vit aussi, sous l'influence des légistes, s'introduire dans la législation la légitimation par lettres royales qui donna lieu, paraît-il, à des abus si grands, que certaines coutumes refusaient aux enfants ainsi légitimés la qualité d'héritiers.

L'adoption romaine ne passa pas davantage dans le droit coutumier, et les affiliations en usage dans certains pays laissaient subsister la puissance du père.

A la mort du père, l'autorité était dévolue à la mère ; les droits qui lui étaient attribués sur la personnes de ses enfants remontent, si l'on croit Laurière (1), à une antiquité assez reculée, puisque d'un passage de la vie de saint Junien, publié par le P. Labbe dans sa bibliothèque manuscrite, il conjecture que le droit de vendre les enfants dut, dans les temps primitifs, lui appartenir comme au père. Il est certain que, hormis dans la Coutume de Normandie, qui, appliquant les vieux principes de droit germanique, donnait la tutelle au frère aîné, la mère avait partout la garde du mineur. La vie vécue

---

(1) Sur Loysel, l. 1, t. I, § 27.

longtemps en France donne l'explication de cette tutelle maternelle. Quand, entouré de ses hommes d'armes, le seigneur quittait son château, sa femme devait pendant son absence le représenter et disposer de son pouvoir ; il était donc naturel qu'elle le conservât quand son mari était mort.

Le père devait donner à ses enfants une éducation conforme à son rang. Pour y parvenir, il avait un droit de correction sanctionné par l'usage, puisque les Coutumes n'en parlent pas. Il en était muni aussi dans les lieux où la puissance paternelle n'était pas admise en théorie; seulement, comme ce droit de correction était aussi concédé à la mère, on ne saurait y voir un effet de la puissance paternelle (1).

Des arrêts rendus en 1673, 1678, 1696 et en 1697 (28 octobre) par le Parlement de Paris, réglementèrent cette matière (2). Le dernier a une importance particuculière. Il déclare que, si les mœurs ont laissé aux pères le droit de faire détenir leurs enfants, il y a abus dans l'usage qui en est fait : « que depuis quelque temps il n'y a pas d'âge limité; qu'il s'est trouvé dans les prisons des hommes âgés de trente ans et plus, et même des prêtres, détenus sous prétexte de correction paternelle; que l'on ne trouve presque aucun fruit de ces corrections par le commerce que les enfants ont avec les prisonniers. » En conséquence, « la Cour a ordonné et ordonne que ceux qui seront arrêtés pour correction paternelle ne pourront être mis que dans la prison de Villeneuve-sur-Gravoix ;..... que les pères seuls pourront détenir leurs

---

(1) De Ferrière, *Dict. de droit et de pratique*, t. II, p. 504.
(2) *V.* plus loin, *Code civil*, l'analyse du règlement de 1684.

enfants jusqu'à l'âge de vingt-cinq ans, pourvu qu'ils ne soient point mariés en secondes noces... »

Cet arrêt fit jurisprudence, et l'on en trouve certaines parties, reproduites presque textuellement, dans Guy du Rousseau de la Combe : « pères peuvent faire constituer prisonniers leurs enfants par correction ; mères, tutrices et autres parents ne le peuvent ; ni le père qui a convolé en secondes noces, sans ordonnance du lieutenant de police qui pourra, s'il le juge convenable, prendre l'avis des parents plus proches tant paternels que maternels (1). »

Le père consentait au mariage de ses enfants conformément aux règles du droit romain, qui furent appliquées, sur ce point spécial, avec des adoucissements jusqu'au XVI° siècle. Primitivement, la sanction était la nullité du mariage. Vers le XI° siècle, l'Église commença à considérer comme valables les mariages, pourvu que le consentement des parties contractantes existât, sans prendre en trop grande considération le consentement des parents. Il advint que les mariages clandestins furent fréquents. La cour de France fit donc de grands efforts au concile de Trente pour faire déclarer radicalement nuls les mariages que n'auraient point autorisés les parents. Ses sollicitations ne furent point écoutées, après l'observation qui fut faite que l'opinion des calvinistes, déclarant nuls de droit naturel et divin de tels mariages, serait ainsi consacrée. Le concile se borna à déclarer que, s'il était juste d'imposer aux enfants l'obligation de demander conseil à leurs parents, on ne saurait cependant leur enlever le droit naturel de disposer de leurs personnes.

(1) *Recueil de jurisprudence civile*, éd. de 1753, au mot *correction*.

Parmi les actes législatifs fort nombreux qui réglementèrent le droit de consentir donné aux parents, on peut citer : l'édit de Henri II sur les mariages clandestins ; — l'ordonnance de Blois de 1579 ; — deux déclarations de Louis XIV (1685-1686) sur le consentement des parents établis à l'étranger... et enfin, la déclaration de Louis XV, 1730, sur le rapt. Le but cherché était la répression du rapt et des mariages clandestins. Suivant Pothier, si un mineur s'était marié sans le consentement de son auteur, il y avait une présomption de rapt qui équivalait à une preuve. La volonté de la personne séduite n'était pas crue libre. « Elle est, disait Coquille, gagnée par blandices et allèchement. » Et il se produit dans la personne ainsi violentée « un transport et enlèvement de bon sens ». Les mariages ainsi contractés n'étaient point formellement déclarés nuls par les ordonnances ; néanmoins, les Parlements les déclaraient tels généralement, en se réservant une certaine liberté d'appréciation de la formule : « Il ne peut y avoir de mariage quand il n'y a pas de volonté, et il n'y a pas de volonté dans un mineur qui n'est pas assisté de ses parents. »

A vingt-cinq ans les filles, et à trente ans les fils, pouvaient se marier après avoir fait une simple sommation à leur père. « En prenant soin de faire respecter l'autorité paternelle, nous n'avons pas cru devoir aussi la porter jusqu'à l'exil, nous avons résolu d'obliger les enfants jusqu'à un âge mur à prendre leurs parents pour guides sur un choix aussi important que celui d'une femme ou d'un mari ; en cela nous mettons un frein nécessaire à la fougue de la jeunesse ; mais laissant ensuite aux enfants, parvenus à un âge qui doit les faire présumer raisonnables, la liberté de se procurer un établissement que leurs parents auront négligé, nous subvenons au peu de naturel ou à l'indolence de certains pères et mères, qui, trop occupés d'eux-mêmes ou de leurs intérêts, pensent peu quelquefois à l'avantage de leurs enfants (1). » Quand les futurs époux n'avaient pas l'âge voulu, il était expressément défendu aux curés de passer outre à la célébration du mariage, lorsque le consentement des parents n'était pas prouvé, sous peine d'être punis de mort, comme fauteurs de rapt (2); et les enfants se seraient trouvés, par le seul fait de leur mariage, exclus de la succession de leurs parents. Il est curieux de citer, à ce propos, un mémoire fort original publié à Londres en 1773 (3) : « Le créateur ne nous a pas fait, dans la sensibilité qu'il nous a donnée, un présent inutile et sans objet, car pourquoi serait-elle innée dans nos cœurs?... Il semble que cette sensibilité est un dédommagement accordé à l'homme, pour le consoler des maux dont il est accablé, et vous lui enlevez cette consolation, parents dénaturés, comme si vous vouliez vous venger des chagrins qu'on vous a fait essuyer dans un lien mal assorti, comme si vous trouviez même de la consolation à vous associer un plus grand nombre de malheureux; mais ces malheureux sont vos enfants, ils sont le fruit de vos entrailles... Des entrailles.. Les hommes cruels en ont-ils? Ils sont les bourreaux de leurs enfants. Ils coupent avec le poignard de la tyrannie, qu'ils leur plongent dans le cœur, les nœuds qui unissent l'amant chéri à l'amante adorée, etc. ».

(1) Edit du duc de Lorraine de 1723.
(2) Ordonnance de Blois, 1579. La peine était le plus souvent transformée en un simple blâme.
(3) *Traité de l'autorité des parents sur le mariage des enfants de famille*, par M. V.-J.-R.-A.-E.-P.

Il n'était pas besoin de monter si haut et d'exprimer en termes aussi dithyrambiques une simple théorie de droit. Le fond de l'idée n'en reste pas moins vrai en indiquant les tendances de l'époque, et l'auteur pouvait avec raison, tout en reconnaissant au point de vue du droit positif l'utilité de l'autorité donnée aux parents en cette matière, témoigner le désir de la voir restreinte dans des limites plus étroites. Le chancelier d'Aguesseau avait déjà exprimé l'idée que l'intention du magistrat devait être une garantie pour l'enfant : « Quelque grande que soit l'autorité des parens, elle a cependant une autorité supérieure dans la société ; et si les parents sont les premiers juges, leur jugement est toujours soumis à celui du magistrat... Lorsqu'il s'agit de l'établissement des enfants, il semble que l'autorité du magistrat soit encore plus grande que dans les autres contestations qui peuvent intéresser les mineurs, parce que les mariages sont de droit public, et que, comme ils sont le séminaire des Etats, la source et l'origine de la société civile, il est important à la société en général que les mariages avantageux ne soient point arrêtés (1) par des oppositions téméraires (2). »

La mort du père, qui mettait fin à la puissance paternelle, n'aurait pas besoin d'être signalée, si l'on ne trouvait pas dans certaines Coutumes des dispositions vraiment singulières. Celle de Montargis (3) par exemple décidait qu'entre roturiers la puissance paternelle cessait non seulement par le décès du père, mais aussi par celui de la mère, qui n'avait pourtant aucune autorité, pendant

---

(1) Req. et plaid., 17 janv. 1722.
(2) La mère donnait son consentement à défaut du père, à moins qu'elle ne fût remariée. Si, dans ce dernier cas, le consentement était refusé, l'enfant pouvait passer outre.
(1) Ch. VII, art. 3.

le mariage surtout. En Flandre, une coutume appliquait la même règle aux enfants nobles, et décidait que le mineur dont un parent était mort recevrait un tuteur qui partagerait l'autorité avec le survivant (1).

La majorité, le mariage, la demeure séparée et l'émancipation mettaient aussi fin à la garde de l'enfant.

Anciennement, les assises de Jérusalem avaient fixé la majorité à 15 ans pour les hommes, et à 12 ans pour les femmes. Les établissements de saint Louis affirment des règles identiques, mais en interdisant de tenir fief avant 21 ans : c'était la majorité féodale. L'autre majorité continuait à être applicable aux roturiers, et même aux nobles, s'il s'agissait de biens roturiers. Lors de la rédaction des Coutumes, les principes du droit romain prévalurent dans certaines provinces, et la majorité fut fixée à 25 ans. Il avait été, en effet, facile de reconnaître que les enfants à douze et à quatorze ans n'avaient pas ce qu'il fallait pour pouvoir accomplir seuls, d'une façon normale, les actes de la vie civile. « Combien que cy-devant, par la coutume du pays coustumier d'Auvergne, le masle âgé de 14 ans et la fille de 12 ans accomplis fussent réputés d'aage parfait pour ester en jugement, faire et passer tous contracts, comme majeurs de 25 ans; néantmoins les estatz du pays ont consenty et consentent ladite coutume être abrogée et le droit commun en ce avoir lieu, pour raison des inconvénients qui par cy-devant s'en sont ensuyvis, et obvier à ceux qui s'en pourraient ensuyvre (2). »

La Normandie seule admit la majorité à 20 ans; car,

---

(1) M. Beaune, *La condit. des personnes.*
(2) Coutume d'Auvergne, ch. xiii, art. 1.

si dans quelques autres provinces les enfants étaient avant 25 ans libérés de la puissance paternelle, et si avant cet âge ils pouvaient même accomplir certains actes juridiques, la *restitutio in integrum* existait à leur profit, et toutes les majorités, excepté celle de 25 ans qui était la majorité absolue de toute la France, n'étaient que des émancipations légales.

La loi du lieu où l'enfant était né déterminait seule la majorité qui lui était applicable, à moins qu'il ne s'agît de la majorité féodale, pour laquelle on suivait les règles en usage dans l'endroit où se trouvait le fief.

Jusqu'à sa majorité, l'enfant restait donc en principe (1) sous la dépendance de son père, à moins qu'il ne s'engageât dans l'armée royale, ce qu'il pouvait faire à 16 ans. Il lui était aussi permis, au même âge, de prononcer des vœux dans un ordre approuvé, pourvu qu'il fût jugé capable par l'évêque, et que sa vocation fût sincère.

L'autorité du père était aussi dissoute par l'émancipation, qui ne paraît pas, au début du moyen âge, pouvoir être faite par acte public, puisque le premier exemple d'émancipation expresse est donné beaucoup plus tard, au xiii° siècle seulement, par le duc de Bourgogne, Hugues IV, qui mit hors de sa puissance son fils Robert, avant de lui donner son duché.

La Coutume de Paris exigea, pour la validité de l'émancipation, des lettres du prince. La Coutume du Maine, au contraire, déclara que l'enfant pourrait être émancipé devant un tabellion en présence de témoins, ou devant un juge ayant « moyenne juridiction au moins (2) ».

(1) *V.* les dispositions spéciales de la Coutume de Douai, que je cite plus loin, p. 113.
(2) Coutume de Poitou.

Je ne parle que pour mémoire des formes symboliques qui étaient encore en usage. « Feu et lieu font mancipation, et enfants mariés sont tenus pour hors de pain et de pot (1)... » Le père rompait un morceau de pain et en donnait une partie à l'enfant, indiquant ainsi qu'il le mettait « hors de pain et de pot. » Il prononçait en même temps des paroles qui montrent que, pendant longtemps, l'émancipé n'avait aucun droit à la succession paternelle. « Je vous mancipe de mes biens... présents et advenir, et de mes maux et debtes aussi... et ne veulx que en aulcune manière vous y prenez ne mectez, mas veuille que vous faciez et pensiez faire vostre mieux, et je le mien comme bon nous sembleray (2). »

Après le xiv° siècle, l'émancipation n'eut plus d'autre effet que de faire sortir l'enfant de la puissance de son père, en lui donnant la faculté de s'obliger seul.

Il y avait aussi une habilitation dont parlent les auteurs. C'était une sorte d'émancipation *ad hoc*, autorisant l'enfant à faire seul un acte déterminé sans que, pour cela, la puissance paternelle prît fin.

Dans certains cas, le père pouvait être contraint d'émanciper son enfant; mais c'est dans le droit romain, et non dans le droit coutumier, qu'il faut chercher l'origine de cette règle.

Le fils qui, avec l'autorisation de son père, avait un domicile distinct et séparé de celui de ses parents, devenait « *sui juris* ». Dans quelques coutumes, les majeurs seuls pouvaient être émancipés de cette façon; dans certaines, au contraire, il n'y avait que les mineurs qui pus-

---

(1) Loysel.
(2) Simonet, cité par M. Beaune.

sent être émancipés par « feu et lieu », puisque, à vingt ans, l'enfant se trouvait indépendant. Suivant les contrées, il suffisait que l'habitation séparée existât, pourvu qu'elle dût être définitive, ou bien il fallait qu'elle eût été prolongée pendant vingt ans, ou pendant dix ans, ou bien qu'elle eût duré un an et un jour seulement comme en Poitou. Vers la fin du XVII° siècle, cette émancipation n'était plus en usage.

Le mariage était aussi une cause d'émancipation. Cependant Dumoulin a soutenu, sur l'art. 40 de la Coutume de Lille, sur l'art. premier de celle de Blois, et sur l'art. 166 de celle du Bourbonnais (1), que le mariage n'émancipait les enfants que s'ils avaient un domicile séparé de celui de leur père (2). Cette opinion du grand jurisconsulte, qui indique ce qui eut lieu à une certaine époque, n'a pas été suivie par les auteurs, bien qu'un argument en sa faveur pût être trouvé dans une disposition toute particulière de la Coutume de Poitou.

Article CCCXIII. « Le fils d'aulcun roturier marié, qui a demouré en son ménage hors de l'hostel et compagnie de son père par an et iour, est dès lors émancipé, et est usant de ses droits sans qu'il luy soit besoin d'autre émancipation. »

Article CCCXIV. « Autre chose est d'un enfant noble, qui, pour estre marié ou pour demourer hors la maison de

---

(1) Cet article permettait au père de se réserver dans le contrat de mariage l'exercice de la puissance paternelle. On peut du moins interpréter en ce sens les mots « sinon que aultrement fût convenu en faisant ledit mariage ».

(2) « Enfants sont faitz à leurs droictz quand ils sont mariés » (art. 1, *Cout. de Blois*).
Id. est ut mancipati, nisi nupserint in familia id est manentes in domo et priori administratione patris. C. M., t. II, f. 144.

son père, n'est pas émâcipé. Ains convient qu'il y ait émancipation expresse. »

Il faut dire que si, dans les coutumes muettes, celles de Paris, d'Orléans, par exemple, l'enfant se trouvait, au moins à un moment donné de sa vie, affranchi de toute contrainte, dans quelques provinces, la puissance paternelle était considérée comme une sorte de tutelle légale, qui ne prenait fin que par une manifestion de la volonté du père. « Vivant le père, ses enfants demeurent en sa puissance, et ne peuvent contracter, sans son consentement, de quel âge qu'ils soient, tant qu'ils ne sont dûment émancipés (1). »

L'idée n'est pas neuve et elle a été maintes fois exprémée : bien mal avisé serait celui qui chercherait l'uniformité dans la législation de la vieille France. « Ce qui frappe davantage, a écrit M. Dalloz (2), c'est l'absence complète d'un système en cette matière ; celles même (les coutumes) qui s'en sont le plus expliquées semblent moins s'occuper d'un principe à établir que d'un fait reçu, d'un droit préétabli dont il ne s'agirait plus que de régler l'exercice : de là, dans la pratique, des appréciations d'équité plutôt que des décisions de droit; une jurisprudence qui domine au gré des faits, de la position et de l'intention des personnes, plutôt qu'une doctrine constante qui les ranime. En un mot, au lieu de l'inflexible logique des Romains, une pratique pleine de tâtonnements. Au lieu d'organiser, comme à Rome, la famille et son gouvernement d'une manière systématique, arbitraire, on avait laissé les familles se constituer, se gouverner d'elles-mêmes et

---

(1) Cout. de Douai, C., VII, art. 2.
(2) Répert. Puiss. pat.

d'après le droit naturel. Dès lors, la loi ne devait plus intervenir, entre le père et les enfants, que comme règle d'équité, d'une manière presque officieuse et dans des cas rares. »

Pour revenir à l'émancipation, d'une façon générale elle était produite par le mariage, par l'habitation séparée, par un négoce distinct de celui du père, et alors elle s'appliquait au moins aux faits « du commerce ou banque (1) », par l'investiture de certaines fonctions publiques, par l'épiscopat, et même, dans quelques provinces, par la prêtrise. En outre, dans l'Anjou et dans la Maine, des causes particulières d'émancipation étaient admises : le bannissement du père, sa captivité chez l'ennemi, etc.

VI

Voilà donc ce qu'était, dans le droit coutumier, l'autorité du père sur la personne de ses enfants. Dans les pays de droit écrit, elle présentait, on le sait, quelque chose d'excessif, « de contraire à la liberté du commerce et de l'industrie et même aussi à la liberté individuelle (2) ». Bien que la législation du Bas-Empire qui était en usage eût été modifiée par un grand nombre d'usages locaux, des atténuations étaient donc utiles; mais on alla trop loin, et les législateurs de l'époque intermédiaire, en cherchant à réorganiser la puissance paternelle, la rendirent complètement illusoire. La loi des 16-20 août 1790 décida que le droit de correction ne pourrait être exercé que sur l'avis d'un tribunal de famille. Ensuite, il faudrait encore attendre, pour agir, la décision du pré-

(1) Ord. de 1673 sur le commerce.
(2) M. Demolombe.

sident du tribunal du district. Cette loi aurait évité l'arbitraire en pratique, si les parents, qui devraient composer les tribunaux de famille, n'avaient pas montré l'indifférence la plus complète. Le père, en outre, c'était là le mauvais côté de la nouvelle loi, n'était plus juge, mais simplement partie dans un procès dont l'issue pouvait causer à son autorité un tort irréparable.

En 1791 le droit de disposer par testament fut mis en question. Mirabeau soutint, devant l'Assemblée, que le droit de propriété est un simple droit social qui doit cesser avec la vie : « Quand la mort vient nous frapper de destruction, dit-il, comment les rapports attachés à notre existence pourraient-ils nous survivre ? Le supposer c'est une illusion véritable, c'est transmettre au néant les qualités de l'être réel (1). » Malgré les efforts de Robespierre et de Pétion, la loi ne passa point, et, le 7 avril 1793 seulement, la disposition en ligne directe fut prohibée par la Convention qui se proposait de faire régner l'égalité dans la famille, comme ailleurs.

Elle enlevait ainsi aux pères le dernier moyen qu'ils eussent encore de faire respecter leur autorité. Non seulement il était statué pour l'avenir : le 5 brumaire, on décréta que « les successions des ascendants ou des collatéraux, ouvertes depuis le 14 juillet 1789, ou qui s'ouvriront à l'avenir, seront partagées également entre les enfants nonobstant toutes les lois, coutumes... testaments et partages, déjà faits ». L'esprit de ces dispositions se montre par les paroles prononcées par un conventionnel : « Il faut atteindre l'aristocratie jusque dans ses tombeaux, en déclarant nuls tous les testaments

(1) Disc. de Mirabeau, lu à l'Assemblée, le 2 août 1791, par M. de Talleyrand. Ed. Barthe, t. III, fr. 484.

faits en haine de la Révolution. » Aussi cela n'empêcha pas que, toujours dans un but d'égalité, le droit de disposer d'un troisième de leurs biens au profit d'étrangers fut conféré, le 17 nivôse de l'an II, aux testateurs.

Les résultats furent déplorables. La loi de brumaire fut dénoncée à la Convention comme une loi infâme, proposée par Héraut de Séchelles, parce qu'elle devait lui faire gagner quatre-vingt mille livres de rente (1), et elle fut rapportée après la chute de Robespierre.

La puissance paternelle ne fut donc pas plus respectée que les vieilles institutions de la monarchie ; et, sous le prétexte que la plupart des enfants naturels appartenaient à des parents nobles, qui ne s'étaient point mariés dans le but d'éviter une mésalliance, on compromettait, en donnant aux bâtards les mêmes droits qu'aux enfants légitimes, l'existence même du mariage. Cambacérès alla jusqu'à demander que les enfants adultérins eussent, dans la succession paternelle, les mêmes droits que les enfants légitimes.

Dès que l'enfant avait vingt-un ans, il était majeur et pouvait se marier sans autorisation. La présence du père devenait donc indifférente, puisque la possibilité de l'exhérédation était supprimée.

La réaction ne se fit pas attendre. Sous le Consulat, on reconnut qu'il était nécessaire de rendre aux pères la faculté de disposer de leur patrimoine par testament, car « au nombre des dispositions légales, alors en vigueur, qui paraissaient une insupportable tyrannie, se trouvait l'interdiction du droit de tester (2). » La dis-

---

(1) M. Bernard, *Hist. de l'autorité paternelle*.
(2) M. Thiers, *Histoire du Consulat et de l'Empire*.

cussion des lois proposées montre que l'idée de puissance paternelle était à peu près anéantie. C'est seulement dans le Code civil que l'on trouvera sur l'autorité du père des dispositions conformes aux anciennes règles modifiées pour les besoins d'une société nouvelle.

DEUXIÈME PARTIE
CODE CIVIL

PRÉLIMINAIRES

Les Romains laissaient au père l'autorité la plus despotique. Chez les Gaulois et chez les Germains, le chef de famille disposait d'une sorte de tutelle plutôt que d'une puissance véritable. Tels sont les deux systèmes qui se perpétuèrent en France jusqu'à la Révolution. Les rédacteurs du Code se trouvèrent donc en présence des théories les plus diverses. Le premier Consul aurait voulu qu'on organisât fortement la puissance paternelle ; que cette puissance prît l'enfant à sa naissance et le suivît jusqu'à sa mort. Cette doctrine, soutenue avec une grande énergie par Malleville, ne fut pas adoptée.

« Ne pouvant trouver sur cette importante question aucun secours dans la loi romaine, ne trouvant dans les coutumes que des vues imparfaites, marchant entre l'exagération et la faiblesse, le législateur dut consulter la nature et la raison (1). » Suivant les idées de Réal, la nature demandait que l'on fît du pouvoir du père une source de protection pour l'enfant, et la raison voulait que la puissance qu'il tient de Dieu fût donnée aux parents dans une mesure calculée d'après l'intérêt social.

(1) Réal, Exposé des motifs.

La définition qui fut faite eut, paraît-il, pour base ces principes : « C'est un droit fondé sur la nature et confirmé par la loi qui donne au père et à la mère, pendant un temps limité et sous certaines conditions, la surveillance de la personne, l'administration et la puissance des biens de leurs enfants. » En réalité, le droit romain n'eut aucune part dans la rédaction du titre de la puissance paternelle. Malgré ce que dit Réal, ce ne sont pas seulement les grands principes qu'il indique qui sont pris en considération, c'est aussi surtout la théorie du droit coutumier dont on n'a même pas su éviter toutes les erreurs.

Dans un sens large, les mots « puissance paternelle » signifient l'ensemble des droits et des devoirs qui existent entre ascendants et descendants. Dans une acception plus restreinte, l'autorité paternelle, telle que je vais l'étudier, appartient au père et à la mère seuls, et prend fin par la majorité ou l'émancipation de l'enfant.

« L'enfant à tout âge doit honneur et respect à ses père et mère » (art. 371). Certains auteurs en ont conclu que les tribunaux devaient trouver dans ce texte le droit d'empêcher l'enfant d'exercer contre ses parents des actions qui paraissent contraires à la piété filiale. «En érigeant cette maxime en loi, a écrit M. Demante, le législateur prescrit évidemment aux enfants de conformer à ces sentiments qu'il ne peut commander leurs actes extérieurs ; et par là il donne aux magistrats, suivant le cas, le pouvoir d'empêcher et de réprimer les infractions. » Aussi, avant la loi du 17 avril 1832, les interprètes du Code ne s'entendaient pas sur la question de savoir si la contrainte par corps pouvait être employée contre le père et la mère. Des auteurs voulaient qu'elle fût refusée contre tout ascendant sans distinction. L'art. 15 de la loi précitée a tranché ces controverses en décidant qu'aucun ascendant ne pouvait y être soumis, et il a même donné à la règle qu'il édictait un effet rétroactif. Donc, que l'on dise avec Marcadé que cet art. 371 est entièrement insignifiant en droit, ou qu'on le considère avec M. Demolombe comme une sorte de prémisse générale, dont le législateur a déduit lui-même les conséquences pratiques et positives, il faut avouer que le sens de la loi aurait pu être plus longuement ou tout au moins plus clairement expliqué. Cependant, il est peut-être possible de voir dans quelques dispositions législatives des conséquences de cet article. Ainsi, il faut à l'enfant, pour se marier, le consentement ou le conseil de ses parents, qui peuvent former opposition à son mariage, ou même en demander quelquefois la nullité. Les enfants doivent des aliments à leurs parents. La fille mineure de 21 ans qui veut prononcer des vœux dans une communauté religieuse, et le fils âgé de moins de 25 ans qui veut entrer dans les ordres, doivent justifier du consentement de leurs parents. Mais si à Rome le fils de famille ne pouvait pas actionner le *pater*, la règle est différente dans le Code, et l'art. 380 du Code pénal permet à l'enfant de réclamer à ses auteurs des réparations civiles si des soustractions ont été faites à son préjudice. Quand les actes dont il a à se plaindre sont encore plus graves, les tribunaux sont appelés, avec certaines réserves, à intervenir.

SECTION I.

De l'autorité du père sur les enfants légitimes.

CHAPITRE PREMIER.

A quelles personnes appartient l'autorité paternelle.

§ 1

La puissance paternelle est exercée par le père seul pendant le mariage, telle est la règle. Et, bien que l'autorité soit en principe commune au père et à la mère, si l'enfant pour se marier a besoin du consentement de la mère, c'est en vertu d'un texte spécial. Le rôle de la mère peut être au point de vue moral le plus souvent prépondérant; il n'est pas affirmé dans le Code parallèlement à celui du père, et l'on conçoit sans peine que le contrat par lequel le père voudrait déléguer à la mère tout ou partie de son autorité serait radicalement nul. MM. Rodière et Pont ont cependant prétendu que la clause par laquelle il serait stipulé que les garçons seraient élevés dans la religion de leur père, et les filles dans la religion de leur mère, devrait être prise en considération au moins dans une certaine mesure par les juges appelés à trancher un différend de cette nature. Cette opinion a été qualifiée de peu juridique, et c'est à juste titre. L'art. 373 confère au père seul l'exercice de l'autorité, c'est là une disposition d'ordre public, et, de plus, pour mettre le père dans l'impossibilité d'élever ses enfants dans la religion de son choix, il faudrait lui enlever la garde et la direction de ces enfants..... Que devient alors la puissance paternelle?

§ 2

Si, pendant le mariage, le père a été déclaré absent ou interdit, ou si, par suite de l'application de l'art. 335 du Code pén. il se trouve incapable d'exercer l'autorité qui lui a été dévolue par la loi, la puissance passera à la mère, et il est inutile de s'arrêter à l'opinion de Proudhon qui admet d'une façon absolue la nécessité de la mort du père pour que l'autorité soit donnée à son conjoint. D'abord, la solution contraire est appuyée sur des raisons de convenance fort sérieuses et certains textes supposent l'autorité aux mains de la mère, alors que le père est incapable de l'exercer (1). La même règle était admise dans l'ancien droit.

Il suffirait même, je crois, de l'admission du père dûment constatée dans une maison d'aliénés pour donner naissance aux droits de la mère.

La situation ne serait plus la même si le père, sans être interdit, était seulement dans un état d'affaiblissement intellectuel qui le rendît impropre à manifester sa volonté. Je sais bien, qu'à propos du mariage, on admet la possibilité de passer outre au consentement du père, en faisant constater par le tribunal, l'état dans lequel il se trouve ; mais quand il s'agit de l'autorité paternelle, envisagée dans son essence, les abus seraient trop nombreux si on pouvait l'enlever à un chef de famille, qui n'est ni interdit, ni placé dans une maison d'aliénés. Sans doute, avec ce système, on sera contraint de produire au grand jour des faits que l'on voudrait tenir cachés dans l'inté-

---

(1) V. les art. 141, 149.

rieur de la famille, mais cette considération ne peut pas être décisive en présence de textes formels (1).

La mère qui exerce l'autorité, alors que le père a disparu (art. 141), représente son mari pendant la présomption d'absence. Elle exercera donc les droits qu'il a conservés, et elle ne doit pas être considérée, dans cette hypothèse, comme tutrice, car la tutelle ne s'ouvre « qu'après la dissolution du mariage arrivée par la mort de l'un des époux (2) ».

CHAPITRE II

Effets de l'autorité paternelle.

I

ÉDUCATION ET GARDE DE L'ENFANT.

§ 1

Le père élève ses enfants suivant ses idées. Il a une liberté absolue d'appréciation (3), car la loi ne pouvait pas déterminer et régler tous les détails. Il lui était seulement possible d'édicter un certain nombre de règles qui facilitent la mission du père et empêchent son autorité de devenir une création théorique dénuée d'application.

---

(1) L'autorité reste aussi entre les mains du père, bien qu'il voyage ou qu'il réside loin des siens.

(2) V. plus loin le droit de correction qui est donné dans ce cas à la mère, et l'examen des controverses ouvertes sur la détermination des actes que la mère peut accomplir quand le père est absent.

(3) Une modification considérable a été apportée à ce principe par la loi du 28 mars 1882 sur l'instruction primaire. L'instruction est obligatoire pour les enfants depuis l'âge de six ans jusqu'à treize ans révolus, à moins qu'ils

L'enfant reste sous la puissance de son père jusqu'à sa majorité, et il lui doit l'obéissance ainsi que la soumission. Dans cette règle générale, certains tribunaux ont trouvé un motif de reconnaître au père le droit d'ouvrir

n'obtiennent avant le certificat d'études primaires. Les enfants malades ou infirmes sont soustraits à l'obligation quand leur état a été constaté.

Le père doit donc faire savoir au maire de sa commune s'il entend faire instruire son enfant chez lui, dans une école publique, ou dans une école privée. Il doit aussi, lorsque l'enfant inscrit à une école publique ne s'y rend pas d'une façon régulière, faire connaître au directeur de l'école les motifs de l'absence, et la commission scolaire aura un pouvoir d'application souverain. Sur ce dernier point, des questions fort importantes peuvent être posées : Des circonstances exceptionnelles motiveront quelquefois l'absence de l'enfant, et l'on pourrait se demander à ce propos quel droit de contrôle est au père sur les livres qui sont mis entre les mains de son fils ? M. Ribière, rapporteur, s'est exprimé ainsi devant le Sénat : « Si les pères de familles catholiques, israëlites ou protestants, justifiaient d'appréhensions légitimes, en envoyant leurs enfants à une école tenue par un instituteur qui professerait une religion différente de la leur, ils pourraient s'adresser à la commission scolaire qui seule est juge des circonstances exceptionnellement qui peuvent motiver l'absence d'un enfant. » Et sur l'insistance d'un sénateur, il ajouta : « Il y a pour les commissions scolaires plénitude d'appréciation pour les motifs d'excuse qui peuvent être allégués. Cela résulte des termes mêmes de l'art. 10, *in fine*. Nous donnons le sens le plus large à ce paragraphe dernier de l'art. 10, et nous pensons que la commission scolaire a toute latitude, tout pouvoir pour recevoir les explications données par les pères de famille, et les déclarer parfaitement excusables. »

Des répressions pénales atteignent le père qui ne s'est pas conformé aux prescriptions de la loi. Suivant le cas, son nom est affiché à la porte de la mairie, ou il est déféré au juge de paix.

La liberté de faire instruire l'enfant chez soi est laissée, mais à la fin de la deuxième année d'instruction, cet enfant devra, tous les ans, subir un examen portant sur les matières de l'enseignement correspondant à son âge. Si le degré d'instruction est jugé insuffisant, le père est mis en demeure de l'envoyer à une école dans la huitaine de la notification qui lui est faite, et de faire savoir au maire quelle école il a choisie. En cas de non-déclaration, l'inscription à l'école publique aura lieu d'office. Cette inscription du reste n'est qu'un avertissement, et le père peut toujours choisir l'école dans laquelle son fils sera élevé. Après un an, si l'examen a été satisfaisant, l'enfant pourra être repris par les parents, et continuer son instruction dans la famille. Admettre, parce qu'il n'a pas satisfait à un premier examen, qu'il doit être forcément envoyé dans une école jusqu'à 13 ans, serait prêter à l'art. 16 une application vexatoire, qui n'a pas dû être voulue par le législateur.

les lettres écrites à l'enfant mineur et de ne pas lui permettre de les lire s'il le juge opportun. Suivant un auteur, le père, qui ne doit pas souffrir une correspondance pouvant constituer un danger pour l'honneur et la moralité de son fils, pourrait faire défendre à l'administration des postes de remettre les lettres, sans qu'il eût pour cela le droit de les ouvrir. Dans ce système on est obligé de faire une concession pour les lettres qui sont adressées à un tout jeune enfant, et alors la distinction deviendra souvent difficile. J'ajoute que, en pratique, l'administration des postes repousse toute intervention privée de ce genre dans son service (1).

§ 2

Pour que l'enfant puisse quitter la maison paternelle, il faut l'autorisation du père, à moins que ce ne soit pour enrôlement volontaire et après l'âge de dix-huit ans révolus (art. 374). Il est inutile de dire que, par maison paternelle, on entend le lieu quelconque, collège, maison d'apprentissage, où l'enfant aurait été mis par son père. La mère qui exercerait l'autorité jouirait, à ce point de vue, des mêmes droits.

L'exception relative à l'enrôlement volontaire, admise déjà dans l'ancien droit, est la seule qui existe : la loi de 1832 sur le recrutement a décidé que le consentement du père serait nécessaire jusqu'à vingt ans. Et la loi de 1872, en modifiant l'âge auquel l'engagement pourrait être contracté dans l'armée de mer, a maintenu la même règle.

(1) M. Vannier, *Revue pratique*, 1866, p. 106 et suiv.

Le père aurait le droit d'employer la force publique pour faire revenir dans sa maison l'enfant qui en serait sorti, et il suffirait alors, croyons-nous, d'obtenir un ordre du président du tribunal qui ordonnant, quand besoin est, l'arrestation de l'enfant, peut, à plus forte raison, fournir au père le moyen de reprendre son fils. Le père pourra donc mettre ses enfants dans la maison d'éducation qu'il aura choisie, interdire la visite de certaines personnes si bon lui semble, enfin agir en tout suivant sa volonté. Toutefois, nous verrons plus loin que, en attendant pour les réformes qui sont demandées une consécration légale, la jurisprudence tend de plus en plus, et depuis longtemps, à restreindre la puissance paternelle dans l'intérêt de l'enfant.

I I

DU DROIT DE CORRECTION

§ 1. — *Du droit de correction en général et de ses conditions.*

L'ancien régime avait compris l'importance du droit de correction, et le règlement du 20 avril 1684 s'en occupa d'une façon particulière (1). Sur la plainte des parents, des curateurs, ou même des curés de paroisse, après une enquête, les enfants mineurs qui maltraitaient leurs parents ou ne voulaient pas travailler étaient renfermés à la maison de Bicêtre. Les filles qui avaient été débauchées étaient mises à la Salpêtrière. Dans ces deux

---

(1) J'ai cru devoir placer ici ces notions historiques afin de faire mieux ressortir le parallèle avec notre législation actuelle. V. *supra* (Résumé historique) ce qui était d'une façon générale dans les coutumes de droit de correction.

établissements, on instruisait les détenus sur les devoirs de la religion.

Les parents, « pères, mères, tuteurs ou curateur des enfants de famille, leurs oncles ou autres plus proches parents, en cas que leurs pères, leurs mères soient morts, même les curés de paroisse, » devaient, pour obtenir la détention, s'adresser au bureau de l'Hôpital général qui se tenait pour la réception des pauvres. Deux directeurs s'informaient de la vérité des plaintes qui avaient été faites, et donnaient ensuite un ordre avec lequel celui qui l'avait obtenu devait se pourvoir devant les lieutenants du prévôt de Paris dans le but d'obtenir l'arrestation si c'était nécessaire.

Les enfants demeuraient dans les maisons de correction aussi longtemps que les directeurs commis pour en avoir soin le jugeaient utile. Ils avaient pour nourriture du pain, du potage et de l'eau, et leurs fautes étaient punies par la privation du potage, par la prison et par les autres peines en usage dans l'hôpital.

Au xviiie siècle, une ordonnance du 15 juillet 1763 autorisa la déportation à la Désirade des fils de famille dont la conduite était mauvaise.

On réclamait dans les provinces des mesures analogues, et dans les cahiers des États généraux on trouve une demande du tiers-état de la sénéchaussée de Nantes tendant à la création, dans chaque ville épiscopale de Bretagne, d'une maison de réclusion où les pères pourraient mettre leurs enfants en correction. « Il sera établi, dans chaque ville épiscopale de la province, une maison de charité et de réclusion, où un père, de l'avis de trois parents maternels, et une mère, de l'avis de six parents paternels, pourront mettre leurs enfants mineurs de 25 ans en correction pendant six mois après avoir obtenu la permission du juge. Les orphelins y seront élevés, les vieillards y trouveront un asile, les mendiants y seront renfermés et occupés. Ces maisons seront régies par un bureau d'administration (1) ».

Le Code civil a entouré avec raison le droit de corrections de précautions nombreuses, mais la durée de la détention n'est peut-être pas assez longue. Après un temps relativement court passé dans une maison de correction, l'enfant retombera dans les écarts précédents, et le père qui, le plus souvent, ne vit que par le travail assidu de chaque jour, ne peut pas exercer une surveillance suffisante. Il renoncera bientôt à faire détenir son enfant; la rétribution pécuniaire lui semble lourde à payer, et le premier essai qu'il a tenté aura toujours été inefficace. Pourtant, dans la plupart des cas, les enfants se seront rendus coupables de faits réellement graves. Ce n'est donc pas seulement sur la durée de la détention que peuvent porter les critiques.

On reproche aussi au législateur de ne pas avoir réglé le cas de récidive d'une façon suffisante, et l'on voudrait que les magistrats eussent, quand elle se produit, un pou-

---

(1) Cahiers des États généraux; sénéchaussée de Nantes; Tiers-État; Mavidat et Laurent; Archives parlementaires, 1re série, t. IV, p. 98, art. 130.

« Que jusqu'à l'âge de vingt ans, les pères et mères aient sur leurs enfants une autorité absolue, et à leur défaut leur tuteur naturel; que dans le cas où les pères et mères ou tuteurs auraient besoin du secours de la loi contre leurs enfants ou pupilles, il soit, pour éviter les abus, nommé un tuteur *ad hoc*, lequel, de concert avec lesdits pères, mères ou tuteurs naturels, s'adresserait aux tribunaux de justice, dans lesquels il y aurait toujours des audiences à huis clos pour recevoir les plaintes portées en pareils cas. »

Cahiers de la noblesse (Dourdan); Résumé général des cahiers, Prudhomme, t. II, p. 128.

(1) M. de Belleyme, Ordonne sur référés.

voir plus étendu. « N'attendons pas que le tribunal ordonne la détention à défaut de discernement jusqu'à la majorité, parce que cette détermination punit et ne corrige pas (2). » On s'est trompé en pensant que la terreur inspirée par une peine, bien qu'elle fût légère, produirait plus d'effet sur les enfants qu'une éducation organisée par la loi.

Le lieu de détention n'a pas été désigné pour que la plus grande latitude fût laissée aux parents ou au magistrat qui délivre l'ordre d'arrestation ; l'enfant ne sera donc pas détenu forcément dans une maison de correction. Les inconvénients du système en usage sont quand même nombreux, et ils ont été exposés dernièrement d'une façon remarquable (1) : un enfant puni par son père ne devrait pas être confondu avec les mineurs coupables de délits ou de crimes et détenus comme tels. Cependant ce mineur qui, il est vrai, ne peut être puni que par son père, est quand même le plus souvent un mauvais sujet, et il serait fâcheux que sa place fût marquée dans les colonies de jeunes détenus acquittés comme ayant agi sans discernement. Il y a une lacune dans l'organisation actuelle. Certains établissements convenables existent, mais ils ne sont pas à la porté de toutes les bourses.

Des modifications et des réformes sont réclamées depuis longtemps. J'aurai à les étudier quand j'indiquerai les dispositions essentielles du projet de 1881 qui tend à mettre en œuvre un système d'éducation réformatrice.

Le droit de correction est la conséquence nécessaire du droit d'éducation et du droit de garde ; et en lui on

---

(1) En 1882, par M. le Pasteur Robin.

doit voir le « corollaire forcé » (1) de la puissance paternelle.

Il ne peut pas être question, dans la loi, des punitions qui sont infligées à l'enfant dans l'intérieur de la famille, et les tribunaux n'interviendront que dans le cas où la discipline domestique deviendrait oppressive ou violente. Le 28 août 1878, le tribunal d'Annecy a décidé, dans une espèce assez curieuse, que le père puise, dans le droit de correction qui lui est donné par la loi civile et par la loi naturelle, le droit de mettre pendant plusieurs jours une chaîne aux pieds de son fils. Il convient d'ajouter qu'en fait la chaîne était légère, et ne paralysait pas les mouvements de l'enfant, qui n'avait sur lui aucune trace de meurtrissure.

La correction, entendue dans le sens spécial que lui donnent les art. 375 et suivants, peut appartenir au père ou à la mère. Est-elle mise entre les mains de parents étrangers qui n'ont pas l'autorisation d'établir leur domicile en France? Sans entrer dans des controverses qui ne sont pas de mon sujet, je dirai que les lois personnelles françaises ne régissent que les Français; le droit de correction ne peut donc pas être accordé au père étranger, à moins qu'on ne considère la loi personnelle qui le consacre comme participant au caractère des lois de police et de sûreté applicables à tous. Or, l'assimilation serait fausse; quel est le caractère des lois de police et de sûreté? C'est de protéger les personnes, les biens, le bon ordre, la sûreté publique..... Eh bien! il n'est pas possible de trouver ce *criterium* dans les art. 376 et suivants. Je reconnais, bien entendu, l'utilité de la correc-

---

(1) Marcadé.

tion, qui peut-être préviendra les crimes et les délits dont les enfants auraient pu se rendre coupables un jour; mais sûreté publique est atteinte d'une façon si légère, et surtout si lointaine, qu'il faut laisser les textes dont je parle dans la catégorie des simples lois personnelles.

§ 2. — *Exercice du droit de correction.*

A. — *Droit de correction donné au père.*

Le droit accordé au père de faire détenir ses enfants peut s'exercer de deux façons :

1° Par voie d'autorité ;
2° Par voie de réquisition.

Par voie d'autorité. — Ce mode de détention n'est possible que si l'enfant n'a pas de biens personnels, ou n'exerce pas un état (art. 382). Il ne peut pas être exercé par le père remarié, ni même par un père non remarié, sur un enfant qui aurait accompli sa quinzième année.

L'art. 380 parle de l'époux qui est remarié et non de l'époux qui s'est remarié. Un second mariage ne mettrait donc pas obstacle au droit du père, si son conjoint subséquent était mort (1). Ce système est logique, puisque l'influence de la marâtre n'est plus à craindre, la disposition de l'art. 380 perd sa raison d'être.

Quand le père agit par voie d'autorité, il est seul juge, et ne fait même pas connaître, s'il le veut, ce qu'il reproche à l'enfant. Le président du Tribunal légalise simplement sa volonté, et lui donne le concours de la force publique.

Par voie de réquisition. — Le père s'adresse au pré-

---

(1) *Contrà*, M. Demolombe.

sident, qui confère avec le procureur de la République, et donne ensuite ou refuse l'ordre d'arrestation. Le président peut diminuer le temps de la détention demandé par le père, sans pouvoir l'augmenter.

Je viens d'indiquer les cas dans lesquels le père ne peut user que de la voie de réquisition. Certaines hypothèses n'offrent pas de difficultés; d'autres se comprennent moins facilement : ainsi, quand l'enfant a des biens personnels, on ne voit pas trop pour quelle raison il ne pourra être détenu que par voie de réquisition.

Cambacérès a bien dit au Conseil d'État « que si l'enfant a pour père un dissipateur, il est hors de doute que le père cherchera à le dépouiller, qu'il se vengera du refus de l'enfant et peut-être lui fera acheter sa liberté ». Mais cette raison n'a pas une grande valeur, puisque l'enfant n'a pas la jouissance de ses biens et ne peut ni s'engager, ni consentir une obligation. Il vaut mieux dire, malgré l'insuffisance du motif, que l'enfant propriétaire occupe, dans la société, une place qui lui mérite plus d'égards (1).

L'enfant âgé de moins de quinze ans peut être détenu pendant un mois seulement, et s'il est plus âgé, sa détention pourra durer six mois (377).

Des auteurs ont enseigné que ce maximum de six mois était toujours applicable, quand la détention avait lieu par voie de réquisition, en prétendant que les art. 380, 381, 382 se réfèrent à l'art. 377, qui fixe le maximum de six mois. Et ils complètent cet argument de texte en ajoutant que, dans les cas où la détention a lieu par voie de réquisition, le maximum de 6 mois se comprend très

---

(1) M. Demolombe.

bien si l'on songe au pouvoir qu'a le président d'entraver ou de modérer la volonté du père.

L'opinion contraire est préférable, car la lecture des art. 380, 381 et 382 prouve que s'ils se réfèrent à l'art. 377, c'est, non au point de vue de la durée de la détention, mais seulement pour la forme à suivre dans la réquisition. Quand le fils a plus de quinze ans, ses écarts peuvent être graves, et on élève le maximum de la peine. Si, âgé de moins de quinze ans, il a des biens personnels, c'est à cause de sa situation et par une exception en sa faveur que la voie de la réquisition peut seule être employée; élever le maximum de sa détention est donc contraire à la pensée du législateur. Dans les autres hypothèses, les raisons de décider sont les mêmes.

Un recours contre la décision du président est mis, par l'art. 382, à la disposition de l'enfant, qui pourra adresser un mémoire au procureur général, et faire ainsi révoquer ou modifier, par le président de la Cour d'appel, l'ordre délivré par le président du Tribunal. Ce recours n'est pas suspensif; l'art. 382 porte, en effet : « l'enfant détenu pourra..., etc... » Seul, l'enfant qui a des biens personnels ou qui exerce un état peut user de ce recours qui, selon beaucoup d'auteurs, devrait être donné, malgré les termes de l'art. 382, toutes les fois que la détention a lieu par voie de réquisition. La solution que je propose doit être développée. On discuta, le 8 vendémiaire an V, au Conseil d'État, le projet des articles qui conféraient au père le droit de faire détenir l'enfant par voie d'autorité dans tous les cas. Cambacérès s'éleva contre ce projet, et ajouta qu'il faudrait limiter encore plus le pouvoir du père quand l'enfant aurait reçu des biens de la libéralité de ses parents, ou quand il serait parvenu à s'en donner par son travail.... ; qu'il serait juste d'autoriser cet enfant à se pourvoir, devant le président et le commissaire du Tribunal d'appel, contre la décision du président de première instance, qui serait cependant exécutoire par provision..... Ces idées furent prises en considération, mais l'art. 382 n'était pas aussi explicite qu'aujourd'hui. Et le Tribunal, qui ne connaissait point les observations de Cambacérès, ne comprit pas l'idée qui avait dicté cette disposition du projet ; il proposa donc de la supprimer. Son vœu ne fut pas réalisé, et il conserva sur ce point des idées erronées, puisque le tribun Albisson dit au Corps législatif : « Dans tous les cas, l'enfant détenu peut réclamer, par un mémoire..... » Cette interprétation ne dut certainement pas être celle du Corps législatif, car l'orateur du gouvernement s'exprima en ces termes : « Le président et le commissaire du Tribunal doivent être autorisés à peser les motifs d'un père qui veut faire enfermer un jeune homme au-dessus de seize ans commencés..... Il faut des précautions plus sévères encore, lorsque l'enfant a des biens personnels, ou qu'il exerce un état dans la société..... Il est de toute justice, dans cette dernière hypothèse, que l'enfant soit autorisé à se pourvoir devant le président et le commissaire du Tribunal d'appel....., etc. » Voilà ce que sont les travaux préparatoires ! Les partisans du système contraire concluent, il est vrai, de quelques assertions assez contradictoires qu'on y rencontre, que si ces travaux ne sont pas la confirmation de leur théorie, du moins ils ne lui sont point contraires. Sans entrer dans une discussion inutile, je réponds simplement que l'argument décisif se trouve dans les termes de l'art. 382 actuel. Si, en effet, on considère le second alinéa comme ne se rapportant pas uniquement aux cas dont parle le premier, il faut conclure, avec Zachariæ, des termes généraux employés par le législateur, que le recours est toujours donné à l'enfant, même quand la détention a lieu par voie d'autorité. Or, un ordre que le président n'est pas libre de refuser ne peut pas être réformé en appel. Cette solution serait contraire à tous les principes.

Des termes de l'art. 382 il résulte aussi que le père n'aurait pas le droit de se pourvoir contre la décision du président, qui lui refuserait l'ordre d'arrestation ou qui abrégerait le temps de la détention. Cependant, si le père peut agir par voie d'autorité, alors que le président croit la voie de la réquisition seule admissible, ou si l'âge de l'enfant est en question... le droit de réclamer contre l'ordonnance du président existe en faveur du père, conformément aux principes généraux ; seulement ce recours ne peut pas être exercé par la voie ouverte à l'enfant, ce sera donc le Tribunal qui tranchera le litige, et un tuteur *ad hoc* nommé à l'enfant soutiendra la prétention du président qui ne saurait être en personne l'adversaire du père devant le Tribunal.

Quel que soit le mode par lequel s'exerce le droit de correction, aucune écriture ne devra subsister, aucune formalité judiciaire ne sera remplie. L'ordre d'arrestation seul sera écrit, et encore il ne devra énoncer aucun motif. « Il n'y aura dans l'un et l'autre cas aucune écriture, ni formalité judiciaire, si ce n'est l'ordre même d'arrestation, dans lequel les motifs n'en seront pas énoncés... » De cet article, il faut rapprocher l'art. 609 du Code d'instruction criminelle, qui est tout aussi affirmatif, pour consacrer la nécessité de l'écriture dans tous les cas. En vertu de cet article, le gardien de la prison doit transcrire sur un registre l'ordre d'arrestation et dresser un écrou. Que devient alors l'art. 378, puisqu'il y aura, à propos de la détention de l'enfant, autant d'écritures que pour tout autre emprisonnement? Et cependant, la loi n'a pas voulu que l'enfant fût considéré comme un prisonnier ordinaire : on peut voir, dans les travaux préparatoires du Code, que le passage désignant une maison de correction comme lieu de détention fut supprimé pour montrer qu'il s'agissait d'une simple mesure de discipline paternelle. Un décret de 1807 autorisait les dames charitables du Refuge de Saint-Michel à recevoir les enfants envoyés par leurs pères conformément à la loi. Une maison spéciale à la correction paternelle a été fondée à Paris. Ces essais ne devraient pas rester isolés, et l'on désire la création de maisons qui seraient destinées tant à la correction qu'à l'éducation des enfants coupables, et dans lesquelles on pourrait placer aussi les enfants qui sont dans leur famille en butte aux mauvais traitements et aux mauvais exemples.

Dans les maisons spéciales qui existent actuellement, un registre est nécessaire, c'est évident; mais ce n'est pas un registre de prison, et par conséquent son existence n'est pas en désaccord avec l'art. 378. Dans les villes qui ne possèdent pas de maison spécialement affectée à la correction paternelle, les auteurs désirent qu'il soit tenu dans la prison un registre distinct, contenant tout ce qui a rapport aux arrestations requises par les pères.

« Le père sera seulement tenu de souscrire une soumission, de payer tous les frais, et de fournir les aliments convenables. » (Art. 378-2°.)

Le père prend l'engagement de payer tous les frais nécessités par l'arrestation et la détention de son enfant.

Mais on prétend qu'il doit, en outre, conformément aux art. 789-5°, 731 et 800 du Code de procédure civile, et l'art. 28 de la loi du 17 avril 1832, consigner à l'avance la valeur d'un mois d'aliments. C'est une erreur, et l'argument de texte apporté par Marcadé n'est pas concluant : « Dans le second alinéa de l'art. 578, dit-il, les mots *et de fournir* se rapportent au mot *tenu* et non au mot *soumission*. Cette interprétation, discutable au point de vue grammatical, est contredite par le projet primitif, qui s'exprimait ainsi : « Après avoir fait souscrire par le père une soumission de payer tous les frais, et de fournir les aliments convenables... »

Quant aux articles du Code de procédure, l'hypothèse qu'ils visent est particulière : le créancier qui faisait incarcérer, dans un intérêt personnel, son débiteur, devait être tenu de consigner des aliments, tandis que la détention demandée par le père a été permise dans l'intérêt même de l'enfant ; il ne faudrait donc pas que les conditions auxquelles on la soumet en rendissent souvent l'exécution impossible. L'administration dispense même le père de la soumission prescrite, lorsqu'il résulte de l'attestation du juge de paix et du maire, ou du commissaire de police, qu'il est dans l'impossibilité de payer des aliments (1).

Le père apprécie les circonstances qui peuvent le décider à faire cesser la détention. L'art. 379 qui le dit renferme une inexactitude ; car le père « n'ordonne pas », mais requiert seulement dans tous les cas l'arrestation de son enfant. « Si, après sa sortie, l'enfant tombe dans de nouveaux écarts, la détention pourra, de nouveau, être

---

(1) M. de Belleyme, Ord. sur référés.

ordonnée de la manière prescrite aux articles précédents. » Malgré la place occupée par ce paragraphe, et le sens que semblent lui donner les dispositions du même article qui le précèdent, il faut dire que le père a le droit de faire détenir de nouveau l'enfant, qu'il ait abrégé ou laissé entier le temps de la détention. Les auteurs admettent cette interprétation, et ils sont divisés uniquement sur la façon dont le père doit agir en cas de récidive. M. Demante se pose la question de savoir si, alors, le père n'est pas toujours forcé d'agir par voie de réquisition, en prouvant les nouveaux écarts de l'enfant. « Nous avouons, dit Marcadé, que ce point n'est pas une question pour nous, et que la négative ne nous semble pas douteuse. » Il est certain, en effet, que l'art. 376 permet, d'une façon générale, de faire détenir l'enfant âgé de moins de quinze ans, et les nouveaux écarts dont parle l'art. 379 ne sont pas érigés en conditions que doive apprécier le président du Tribunal. Les règles générales sont donc applicables, et ce sera suivant les distinctions établies plus haut, au père et au président, que la décision appartiendra. L'art. 379 déclare que la détention sera ordonnée à nouveau « conformément aux articles précédents ». Or, ces articles précédents sont certainement les art. 376 et 377, qui distinguent les deux modes de correction établis par la loi, et non les art. 377 et 378, car ce dernier article est applicable dans tous les cas et n'avait pas besoin d'être rappelé. Si donc le législateur n'avait pas voulu que, dans le cas de récidive, le père pût agir par voie d'autorité, il aurait dit : « conformément à l'art. 377 », et non « conformément aux articles précédents ». Les travaux préparatoires sont conformes à cette doctrine.

B. — *Droit de correction exercé par la mère.*

« La mère, survivante et non remariée, ne pourra faire détenir un enfant qu'avec le concours des deux plus proches parents paternels et par voie de réquisition, conformément à l'art. 377. » (Art. 381.) Il ne faut pas entendre, dans un sens strictement littéral, le terme « mère survivante ». Car la loi a voulu que l'autorité paternelle fût exercée par la mère, toutes les fois que le père serait dans l'impossibilité de le faire.

Quand la mère est remariée, le droit de correction lui est enlevé, et une seule difficulté s'élève sur la question de savoir si une mère veuve une seconde fois recouvre le droit qu'elle avait perdu sur les enfants nés de son premier mariage. L'affirmation peut être admise pour les raisons que j'ai données plus haut, à propos de l'art. 380. Bien que son second mari ne fût pas mort, la mère pourrait, si elle avait été maintenue dans la tutelle, user comme tutrice du droit de correction, conformément à l'art. 468, mais alors ce ne serait plus l'autorité paternelle qu'elle exercerait.

Les raisons qui ont déterminé les rédacteurs du Code à ne placer entre les mains de la mère qu'un pouvoir de corriger atténué ont été souvent indiquées : la faiblesse supposée ou réelle de la mère, la facilité avec laquelle les influences étrangères la domineront sont les principales. La loi a donc permis l'exercice de la correction seulement par voie de réquisition, et avec le concours des deux plus proches parents paternels. Des termes de l'art 381, il faut conclure que ce n'est pas seulement l'avis, mais le consentement de ces deux parents, qui est nécessaire.

Il ne faut pas cependant interpréter l'art 381 dans un sens trop étroit : si, par exemple, les deux plus proches parents habitaient à une très grande distance, le concours de deux parents plus éloignés devrait être considéré comme suffisant.

Quand il n'y a aucun parent paternel, que décidera-t-on ? Toullier répond : la mère peut agir seule. D'autres auteurs soutiennent qu'elle ne peut pas agir du tout. On peut admettre une solution intermédiaire, et appeler, par analogie de l'art. 209, deux alliés ou deux amis du père, qui donneront leur concours à la mère (1). Ce choix qui est un peu arbitraire offre au moins de grands avantages pratiques. On a objecté que l'appréciation du président peut bien suffire, puisque la mère ne peut agir que par voie de réquisition.

L'objection, qui aurait sa valeur si on devait faire la loi, porte à faux, car, lorsque les deux parents paternels donnent leur avis, la voie de la réquisition est quand même seule ouverte. Et si l'on songe que, le plus souvent, le président ne connaîtra ni la mère ni l'enfant, le concours exigé par la loi paraîtra avoir sa raison d'être.

J'arrive à une nouvelle difficulté : la mère qui aura fait arrêter son enfant pourra-t-elle abréger la durée de sa détention ? Je ne m'arrête pas à discuter l'opinion qui refuse, d'une façon absolue, à la mère le droit de pardonner parce que l'art. 379 ne parle que du père. Mais le concours des deux parents paternels est nécessaire à la mère pour abréger la détention comme pour la faire commencer. Cette solution (2) est conforme à l'esprit de

---

(1) M. Demolombe.
(2) Marcadé. *Contrà*, Aubry et Rau, Demolombe.

la loi. Certes, on a dit avec beaucoup de talent que l'exercice du droit de correction était seul modifié entre les mains de la mère et que, par conséquent, l'art. 380 ne dérogeait pas aux art. 378 et 379 qui restent applicables à la mère. D'autres considérations ont été ajoutées. « Autre chose, a dit M. Demolombe, est la sévérité et la punition, autre chose l'indulgence et le pardon... Est-ce que le père peut seul faire détenir son enfant âgé de seize ans commencés, ou même au-dessous de seize ans, lorsqu'il a des biens personnels ou un état, ou encore lorsque lui-même est remarié ? Non, il ne peut agir alors que par voie de réquisition, et c'est le président qui prononce. Eh bien ! au contraire, dans tous les cas, le père peut seul pardonner à son enfant. Il en est absolument de même de la mère. »

A cette argumentation, il faut répondre avec Marcadé : l'autre système est plus conforme à l'esprit de la loi qui, ne l'oublions pas, ne s'est pas prononcée expressément. Si l'assistance de deux parents est nécessaire pour l'arrestation de l'enfant, afin d'empêcher les résultats de la faiblesse maternelle, elle n'est pas moins utile quand il s'agit de faire grâce à l'enfant. Si la mère pouvait, en effet, seule le délivrer, « on verrait souvent une mère, après une seule nuit passée dans les larmes et les regrets, user promptement de cette faculté, demander presque excuse par ses caresses à un enfant qui rirait bientôt de son autorité, et transformer ainsi son pouvoir protecteur en une arme fatale et à elle et à l'enfant lui-même (1). »

La mère qui dispose seulement d'un droit plus restreint que celui du père, même avec le concours exigé

---

(1) Marcadé, sur l'art. 381.

par la loi, quand il s'agit de faire détenir l'enfant, ne peut pas, sans ce concours, avoir, quand il s'agit d'abréger la détention, un pouvoir égal à celui du père.

III

DU DROIT DONNÉ AU PÈRE ET A LA MÈRE DE CONSENTIR AU MARIAGE DE LEURS ENFANTS, ET DE LA FACULTÉ DE FAIRE OPPOSITION QUI LEUR EST ACCORDÉE.

Le fils avant vingt-cinq ans, et la fille avant vingt et un ans doivent, pour se marier, obtenir le consentement de leurs ascendants.

Je ne parlerai que des hypothèses dans lesquelles le père et la mère, ou au moins l'un d'eux, existent.

Après l'âge fixé par l'art. 148, les enfants demandent simplement le conseil de leurs parents par des actes respectueux, et le refus des parents de consentir n'empêche pas la réalisation du mariage. L'émancipation ne dispense pas l'enfant de la nécessité du consentement, et un second mariage y est soumis comme un premier.

Si le père et la mère sont en désaccord, c'est la volonté du père qui l'emporte; mais l'avis de la mère doit toujours être demandé, et l'officier de l'état civil, avant de célébrer le mariage, en exigera la preuve.

De l'art. 149 il ressort que, si le père est mort ou absent, c'est la mère qui donnera son consentement. Lorsque le père est simplement présumé absent, la question est difficile, car l'art. 141, qui s'occupe de la surveillance des enfants dont le père a disparu, ne donne pas à la mère le droit de consentir au mariage. On trouve dans l'art. 149 une raison très valable de décider :

« Si l'un des deux est mort, ou s'il est dans l'impossibilité de manifester sa volonté, le consentement de l'autre suffit. » Du silence de cet article il résulte aussi qu'un nouveau mariage laisse entier le droit de l'époux survivant.

Supposons, maintenant, un père non présumé absent, mais qui se trouve en pays étranger ; les tribunaux auront à apprécier si, en fait, le consentement ne peut pas être donné, et, quand il y aura urgence, le consentement de la mère pourra être déclaré suffisant.

La solution que je viens de proposer relativement au second mariage de l'époux survivant n'est pas universellement admise, et un auteur décide que la mère remariée ne pourra pas consentir au mariage des enfants du premier lit, surtout si elle n'a pas été maintenue dans la tutelle. Voici les arguments qui sont indiqués : la mère qui n'a pas la tutelle ne peut pas autoriser des enfants à faire la moindre disposition ; or, l'art. 1398 dit que le mineur, assisté des personnes qui le rendent habile au mariage, est capable de faire les conventions et toutes les dispositions que peut contenir un contrat de mariage..., il y aurait donc contradiction dans la loi. On peut aussi considérer cette mère, sous l'autorité d'un nouveau mari, comme n'ayant pas sa plénitude de liberté dans la manifestation de sa volonté. Au Conseil d'État, on avait proposé de décider qu'en cas de mort du père ou de la mère, le consentement du survivant serait suffisant « quand même il aurait contracté un second mariage » ; or, ces mots ne se trouvent pas dans le texte actuel.

Les raisons ne sont pas décisives. Le texte est formel : «.... le consentement de l'autre suffit. » Au Conseil d'État, on rechercha précisément si cette disposition générale ne devrait pas être modifiée quand la mère aurait contracté un second mariage, mais on ne prit pas cette idée en considération, et la preuve, c'est qu'aucune trace ne s'en rencontre dans notre article. Le second argument tiré de l'art. 1398 prouverait beaucoup trop. Le père tuteur ne peut pas autoriser son enfant à faire une donation ordinaire, et pourtant, avec son assistance, cet enfant consentira valablement une donation par contrat de mariage. Est-ce à dire que la disposition de l'art. 149 est irréprochable ? Non, mais ses termes sont formels. Et, puisque « le consentement de l'autre suffit.. », quand l'un des deux est mort on se trouve dans l'impossibilité de manifester sa volonté, peu importe que cet autre soit le père ou la mère, qu'il soit remarié ou non remarié, tuteur ou non tuteur de l'enfant.

Quand un empêchement au mariage existe, la loi n'a pas voulu que la faculté de faire opposition fût donnée à tous, et devînt ainsi une sorte d'action populaire. On lui reproche d'avoir resserré les limites d'une façon trop étroite, mais je n'ai pas à exposer ici ni à discuter cette critique.

Parmi les personnes auxquelles les art. 172 et suivants donnent le droit de faire opposition au mariage, sont les ascendants, et ce droit est plus étendu entre leurs mains qu'entres toutes autres. « Le père, à défaut du père la mère et, à défaut de père et de mère, les aïeuls ou aïeules peuvent former opposition au mariage de leurs enfants et descendants, encore que ceux-ci aient vingt-cinq ans accomplis. » (art. 173.) C'est dans l'ordre établi par cet article que sera exercé le droit de faire opposition, et quand le père existe, lui seul peut en user. Cette règle est admise par tout le monde en ce qui concerne les aïeuls, mais la mère qui doit être toujours consultée par l'enfant, alors même que le père donne son consentement, ne pourrait-elle pas toujours former opposition? L'affirmative est suivie par quelques auteurs, malgré le texte précis de l'art. 173 : « la mère à défaut du père. » Mais à quoi du reste servirait ce droit arbitraire que l'on reconnaîtrait à la mère ? Une fois le consentement du père donné, le refus de la mère ne pourrait pas empêcher le mariage, et les magistrats devraient donner toujours main-levée de l'opposition.

L'opposition faite par les ascendants n'est pas limitée comme celle que peuvent exercer les autres personnes désignées par la loi à des causes spéciales, et elle peut être exercée alors que les enfants sont d'un âge à pouvoir se marier sans le consentement de personne. Il n'est même pas nécessaire que les motifs soient indiqués dans l'acte signifié par huissier à l'officier de l'état civil. Telles sont les règles de ce droit d'opposition quand les ascendants l'exercent ; il faut maintenant en déterminer les conséquences. Des jurisconsultes ont soutenu que l'opposition qui ne serait pas fondée sur une cause légale d'empêchement pourrait être maintenue par les tribunaux. On invoque les art. 173 et 176 qui donnent le droit d'opposition aux parents de la manière la plus générale et la plus absolue ; or, ce serait, dit-on, une absurdité, que les parents pussent faire une opposition qui n'aurait pas son fondement dans l'un des motifs cités par la loi, puisque les tribunaux, si l'on n'admet pas le sens que nous donnons à la loi, en ordonneront toujours la main-levée. Des idées d'un autre genre ont aussi été mises en avant : « Une jeune fille a été séduite par un repris de justice, par un forçat libéré, qui servait comme domestique dans sa famille ! Voilà le père au désespoir qui forme opposition à ce mariage ! Voilà le chef de cette famille pleine d'honneur qui demande aux magistrats de ne pas récompenser une odieuse séduction, de ne pas laisser flétrir son nom..... N'y aurait-il pas une déplorable lacune dans la législation qui serait impuissante à prévenir un tel scandale ?... » M. Demolombe, qui a écrit ces lignes, repousse le système qu'elles tendent à établir, et le dilemme qu'il pose est concluant; de deux choses l'une : ou bien les tribunaux seront obligés de maintenir, dans tous les cas, l'opposition d'un ascendant, et alors les enfants, quel que soit leur âge, ne pourront pas se marier sans le consentement de leurs parents... Or, les art. 148, 150, 151, 152 disent absolument le contraire, en déclarant que le consentement est seulement nécessaire aux hommes jusqu'à 25 ans et aux femmes jusqu'à 21 ans. Ou bien les magistrats auront à apprécier ce que peuvent valoir les raisons sur lesquelles l'opposition est fondée, et alors, au moins dans certains cas, des enfants majeurs de 21 et de 25 ans ne pourront pas contracter mariage si leurs parents ne sont pas consentants. Dans de telles conditions, non seulement on tombe dans l'arbitraire, mais aussi le texte de la loi est violé. Il y aura, sans doute, des situations dignes d'intérêt qui resteront sans remède ; mais ce sont là « des douleurs privées comme il y en a tant d'autres, que la loi commune du pays est impuissante à secourir ».

La loi a permis aux ascendants de faire opposition sans énoncer de motifs, voilà ce qu'il ne faut pas trouver étrange. Un père n'a souvent, pour ne pas vouloir le mariage de son enfant, que des raisons très difficiles à exprimer d'une façon précise et qui, en outre, n'ont rien de légal; il espère faire changer l'enfant de sentiments, « il se rend opposant parce qu'il sait que le temps est une grande ressource contre les déterminations qui peuvent tenir à la promptitude de l'esprit, à la vivacité du caractère ou à la fougue des passions (1). »

IV

DU CONSENTEMENT DU PÈRE ET DE LA MÈRE A L'ADOPTION DE LEURS ENFANTS.

Suivant les règle du Code, et contrairement à ce qui avait lieu dans l'adoption romaine, l'adopté ne sort pas de sa famille naturelle, et y conserve tous ses droits (art. 348). En un mot, les rapports de l'adopté et de sa famille naturelle restent ce qu'ils étaient avant l'adoption.

La nécessité du consentement des parents à l'adoption de leurs enfants doit donc seule être étudiée.

L'adopté qui n'a pas vingt-cinq ans accomplis doit obtenir le consentement de ses père et mère ou du survivant. Quand il est majeur de vingt-cinq ans, il doit requérir leur conseil (art. 346). Les règles admises à propos du mariage ne sont pas toutes consacrées ici. Ainsi une fille majeure de vingt-et-un ans doit, jusqu'à vingt-cinq ans, obtenir le consentement de ses parents.

L'art. 346 n'établit en effet aucune distinction entre les fils et les filles. Pour le mariage, en cas de dissentiment, le consentement du père est suffisant. Ici, le consentement

---

(1) Portalis. La jurisprudence récente consacre cette doctrine. La Cour de Caen a admis encore en 1841, après avoir répudié sa première doctrine, que si l'opposition, en dehors de toute cause légale est formée par un ascendant, le juge peut sinon empêcher du moins retarder le mariage.

de l'un et de l'autre est absolument exigé par l'art. 356. Toutefois, il faut appliquer à l'adoption l'art. 149 et la première partie de l'art. 150. L'impossibilité de la part des parents de manifester leur volonté équivaudrait à leur décès. A un autre point de vue, si le père et la mère sont morts, la loi n'exige pas le consentement des autres ascendants.

Après vingt-cinq ans, un seul acte respectueux est suffisant, sans qu'il y ait à distinguer si celui qui va être adopté est un fils ou une fille.

V

LE DROIT ACCORDÉ AU DERNIER MOURANT DES PÈRE ET MÈRE DE CHOISIR UN TESTAMENTAIRE A SES ENFANTS MINEURS.

Cette tutelle est toujours appelée testamentaire, et cependant elle peut être déférée valablement devant le juge de paix ou devant un notaire.

Seul le dernier mourant peut en disposer. Celui qui meurt le premier ne pourra donc pas enlever la tutelle au conjoint qui va lui survivre, et le père aura seulement la faculté de nommer un conseil à la mère survivante. La règle ne changerait pas, alors même que le survivant des époux devrait se trouver dans l'impossibilité d'exercer la tutelle légale parce qu'il est interdit par exemple. La solution contraire a été présentée par Delvincourt: le droit accordé au survivant est, suivant lui, refusé à l'autre conjoint par le respect pour la tutelle légale qui va s'ouvrir. Si cette tutelle ne se réalise pas, rien ne s'oppose à la validité de la désignation faite par le premier mourant.

Les termes de l'art. 397 sont trop absolus pour qu'il soit possible de suivre ce système, surtout si l'on fait observer, avec M. Demolombe, que le choix du tuteur par une seule personne, ayant quelque chose d'exorbitant dans le système général de nos tutelles, doit être accordé seulement lorsque la loi le veut d'une façon formelle.

Le survivant qui aurait été exclu ou destitué de la tutelle ne pourrait pas choisir le tuteur de ses enfants, car il ne peut pas concourir, comme membre du conseil de famille, à la nomination d'un tuteur datif (art. 445).

Le survivant a seulement été excusé de la tutelle : alors les avis sont partagés. Certains veulent qu'il puisse même pendant sa vie choisir le tuteur qui doit prendre sa place. Il est raisonnable, disent-ils, puisque l'époux dernier mourant, peut-être âgé ou affaibli par les infirmités, a ce droit, il faut le reconnaître *a fortiori* à celui qui est dans la force de l'âge. D'ailleurs, ce sont les interprètes, et non le Code, qui ont donné à cette tutelle le nom de testamentaire.

A cette argumentation il faut opposer l'art. 397 et l'art. 394, disant que, dans le cas où la mère refuse la tutelle, elle doit en remplir les devoirs jusqu'à ce qu'elle ait fait nommer un tuteur par le conseil de famille. Que le survivant puisse, pour le temps qui suivra sa mort, nommer un tuteur de son choix, on le comprend sans peine ; tandis que, si pendant sa vie il répudie cette tutelle, il est tout simple que la loi pourvoie à son remplacement.

Suivant le système que je propose, l'époux survivant, excusé de la tutelle, ne peut donc pas nommer un tuteur de son vivant. Mais a-t-il le droit d'en désigner un pour après sa mort? Trois opinions sont en présence.

La première distingue ainsi : la tutelle est-elle vacante au moment de la mort du dernier mourant ? Un tuteur peut être nommé.—La tutelle est-elle exercée ? Aucune désignation ne pourra être faite valablement par testament, car la loi cherche à éviter les changements de tuteur.

La deuxième enseigne que le dernier mourant, du moment qu'il n'est pas tuteur, ne peut jamais donner à ses enfants un tuteur, parce que la tutelle testamentaire doit être considérée, dans notre législation, comme la suite de la tutelle légale.

La troisième semble la meilleure, car l'art. 397 ne distingue pas : « Le droit individuel de choisir un tuteur parent, ou même étranger, n'appartient qu'au dernier mourant des père et mère. » Le dernier mourant peut donc, alors même qu'il est excusé de la tutelle, choisir dans tous les cas un tuteur à ses enfants pour le moment de sa mort. Ou bien il faudrait aller jusqu'à dire avec Marcadé : que le dernier mourant des père et mère, d'abord excusé de la tutelle, ensuite renommé tuteur par le conseil de famille, ne pourrait pas nommer un tuteur testamentaire, puisqu'il n'a plus la tutelle légale. Or, ce raisonnement, très logique, l'est trop, ainsi que l'avoue M. Demolombe.

Le père remarié désignera valablement un tuteur aux enfants nés de sa première femme. La mère remariée ne le pourra que si elle a été maintenue dans la tutelle, et encore faudra-t-il la confirmation du conseil de famille.

VI

APPENDICE

Règles spéciales au cas où la mère exerce l'autorité du père en vertu de l'art. 141.

La mère qui exercera les droits du père en vertu de l'art. 141 pourra-t-elle user seule du droit de correction, ou seulement avec le concours des deux plus proches parents paternels ? La difficulté est grande ; car, si d'un côté l'art. 141 dit que la mère exercera tous les droits du père, il n'est pas moins vrai que les raisons qui ont motivé l'art. 381 existent dans ce cas spécial, avec la même force que si le mari était mort. C'est la règle posée dans ce dernier article qui devra être appliquée, car, du texte de l'art. 141 il ne ressort pas forcément que si la mère exerce les droits du père, elle doive les exercer de la même manière.

La mère pourrait-elle, sinon en vertu de l'art. 141, au moins par application de l'art. 477, émanciper ses enfants pendant la présomption d'absence du père ? Quelques jurisconsultes admettent une solution particulière : si la mère peut consentir au mariage de son enfant et amener ainsi indirectement son émancipation, les ascendants autres que le père et la mère ont quelquefois le même droit sans pouvoir émanciper directement. Les termes de l'art. 477 sont généraux, mais la présomption d'absence peut cesser par le retour du père qui se trouverait alors frustré de son usufruit légal si l'enfant avait été émancipé. La mère pourra donc seulement émanciper l'enfant âgé d'au moins dix-huit ans. Tel est l'avis de

Marcadé. Il semble arbitraire en présence de l'art. 477 qui ne distingue pas. Si donc on ne veut pas admettre le droit absolu d'émanciper donné à la mère quand le père a disparu, il vaut mieux dire avec M. Demolombe que l'âge de l'enfant ne devra pas être pris en considération ; et « que c'est au Tribunal qu'il convient de référer sur le point de savoir si, dans le cas de simple présomption d'absence, la condition qui attribue à la mère la faculté d'émanciper se trouve, d'après les circonstances, en fait accomplie ».

Le célèbre jurisconsulte décide aussi, en s'appuyant sur les termes généraux de l'art. 477 et sur l'art. 6 du Code civil, que la mère peut, dans le cas d'absence déclarée ou dans le cas d'interdiction du père, émanciper l'enfant sans qu'aucune restriction soit apportée à ce droit. Cette opinion a pour elle des arguments sérieux ; on pourrait cependant peut-être distinguer entre le cas où le père est déclaré absent et celui où il est interdit. M. Demolombe dit que si l'interdit peut recouvrer la raison, l'absent peut reparaître..... Sans doute ! cependant l'absence déclarée peut être considérée plus facilement comme équivalant au décès, que l'interdiction qui, en définitive, ne fait pas naître une présomption de mort.

SECTION II

De l'autorité du père sur la personne des enfants naturels.

I

PRINCIPES GÉNÉRAUX.

Il faut d'abord exclure les enfants que nous appellerons naturels, les enfants adultérins ou incestueux, sur lesquels aucune puissance paternelle ne peut exister ;

l'art. 383 est formel. Et c'est justice : le législateur ne pouvait pas considérer une telle paternité comme assez respectable, pour l'ériger en magistrature domestique. Du reste, les enfants qui en sont issus doivent, à tout âge, eux aussi, respect et honneur à leurs parents (1).

Si, passant aux enfants naturels reconnus, j'étudie la règle posée par le Code à propos de la puissance paternelle qui leur est applicable, je dois signaler les critiques très vives que lui a valu son insuffisance. En pratique, elle a donné lieu à de nombreuses controverses et à de grandes variations de jurisprudence.

Les enfants naturels doivent pour se marier, c'est une conséquence de l'art. 371, demander le consentement de leurs parents, bien que dans l'ancien droit cette nécessité ne fût pas imposée aux bâtards.

Pour être adoptés, ils devaient aussi obtenir le consentement de leurs auteurs; cette nécessité résulte des art. 371, 158 et 159, et de l'art. 346 qui emploie les mots « père et mère » sans indiquer qu'il entend par là seulement les père et mère légitimes. Pour finir cet exposé général, il faut ajouter que les ascendants au second degré de l'enfant naturel lui sont juridiquement toujours étrangers.

Les parents naturels, même les adultérins, ont le devoir, aussi bien que les parents légitimes, de nourrir et d'élever leurs enfants, quand la filiation est prouvée. L'art. 203 n'a pas fait du mariage la condition indispensable de cette obligation, créée par les liens qui unissent le père et la mère à leurs enfants.

Le droit de correction du père naturel (art. 283), et le

---

(1) Argument des termes généraux de l'art. 371.

droit des enfants adultérins de réclamer des aliments à la succession de leurs parents, qui évidemment existera à plus forte raison au profit des enfants naturels ordinaires, prouvent que telle a bien dû être la pensée de nos législateurs.

L'art. 383 renvoie à quatre articles précédents, mais il ne rappelle pas l'article 372 qui met l'enfant sous l'autorité de ses parents. De cette omission, on ne peut tirer aucune conséquence; le droit de correction est donné aux parents, ils ont donc forcément la charge de l'éducation et de la direction de l'enfant. Dans le projet, se trouvait un article ainsi conçu : « Les articles du présent titre seront communs aux père et mère des enfants naturels légalement reconnus. » Si cet article était passé dans le Code, l'usufruit légal aurait été ainsi institué au profit du père et de la mère naturels. Pour l'empêcher, on restreignit trop la rédaction de l'art. 385, qui péchait d'abord par excès de généralité. Le père naturel dirige donc comme il veut l'éducation de son enfant qui ne pourra pas, à moins que ce ne soit pour enrôlement volontaire, quitter la maison paternelle.

J'exposerai plus loin le système, généralement adopté aujourd'hui, qui admet l'intervention des tribunaux avec un pouvoir discrétionnaire en matière de puissance paternelle. Cette intervention arbitraire, je l'avoue, ne satisfait pas l'esprit, et pourtant il est difficile de ne pas reconnaître son utilité, et même sa nécessité, surtout au sujet des enfants naturels, quand on constate le silence de la loi sur les questions les plus importantes. Les magistrats devraient donc, en cas de dissentiment entre le père et la mère, décider lequel des deux aura la garde de l'enfant. Ce sont eux encore qui statueront, si besoin est, sur le lieu dans lequel l'enfant résidera, sur la manière dont il sera élevé, etc..... Et peut-être les tribunaux, appelés à faire l'examen d'arrangements particuliers intervenus entre le père et la mère, et même entre le père et des tiers, devront-ils les maintenir s'ils les jugent avantageux à l'enfant (1).

II

A QUI APPARTIENNENT LA GARDE ET L'ÉDUCATION DE L'ENFANT NATUREL.

Si un seul parent a reconnu l'enfant, c'est à lui, bien entendu, que sera dévolue l'éducation de cet enfant. La question est moins claire quand les deux parents ont reconnu l'enfant. Auquel donnera-t-on la préférence? Le Code ne le dit pas, et on doit le regretter, bien que la règle qui aurait été posée n'eût pas pu être d'une précision absolue. Si, en effet, le mariage est une situation normale dans laquelle le père seul doit exercer l'autorité, la question est toute différente quand on se trouve en présence de parents naturels dont la position sociale et pécuniaire seront presque toujours fort dissemblables. L'un d'eux sera quelquefois, malgré les faiblesses de sa vie privée, doué de qualités sérieuses, et l'autre, au contraire, n'aura reçu que la triste éducation de la misère et du vice.

La père doit avoir, de préférence à la mère, la garde et l'éducation de l'enfant. Quelques jurisconsultes sont d'un autre avis, et veulent que l'autorité appartienne

---

(1) MM. Demolombe, Aubry et Rau; Caen, 27 août 1828; Amiens, 12 août 1837.

concurremment au père et à la mère. Suivant eux, il y a égalité de droits toutes les fois qu'un texte ne dispose pas autrement. Et ils ne tiennent pas compte de l'art. 373, parce que cet article donne la puissance paternelle au père légitime, uniquement pour ce motif qu'il a déjà la puissance maritale.

Je ne saurais adopter ce système, car je ne vois pas quelle raison aurait pu déterminer le législateur à soumettre l'exercice de l'autorité au concours du père et de la mère. S'ils vivent ensemble, l'éducation et la correction, ainsi que le fait remarquer M. Valette, appartiendront en fait au père, quelle que soit la solution adoptée en droit. Et en supposant les parents séparés, la loi a-t-elle voulu donner à l'enfant deux maîtres, dont l'un défendra ce que l'autre aura ordonné ? Je ne ne le pense pas, car l'éducation deviendrait impossible. L'enfant porte le nom de son père ; c'est la nationalité du père qui devient la sienne, et, pour le mariage, c'est la volonté du père qui est prépondérante. On objecterait à tort que ce dernier principe est spécial au mariage : le législateur s'est toujours montré favorable aux mariages, donc, s'il avait considéré le père et la mère naturels comme ayant chacun une autorité pareille, il aurait décidé que le consentement de l'un d'eux serait toujours suffisant, comme il l'a pensé quand les aïeuls des deux lignes sont en présence (art. 150).

Les deux opinions sont d'accord sur la nécessité du pouvoir discrétionnaire des tribunaux. Dans de telles conditions, elles ne sont pas si éloignées l'une de l'autre qu'on pourrait le croire, et M. Demolombe reconnaît même à l'enfant, s'il est suffisamment âgé, le droit de saisir le Tribunal qui donnera la garde et le droit d'éducation à celui des parents qui présentera le plus de garanties.

III

DE LA CORRECTION DES ENFANTS NATURELS.

Les art. 376, 377, 378, 379 sont applicatifs; l'enfant sera donc détenu tantôt par voie d'autorité, tantôt par voie de réquisition. Sa détention pourra être abrégée. Le père sera tenu de souscrire une soumission, de payer tous les frais et de fournir les aliments convenables, etc.

A celui des parents qui aura la garde de l'enfant appartiendra le droit de correction. C'est évident, mais si l'on se demande comment ce droit de correction sera exercé, les difficultés naissent en foule, car l'art. 383, en citant quatre articles qui seront applicables au père et à la mère des enfants naturels, ne parle pas des art. 380, 381 et 382, dans lesquels est réglementé le droit de correction. En conséquence, si le père est marié, la voie de la réquisition sera-t-elle seule ouverte (380)? Si l'enfant exerce un état, a des biens personnels..., pourra-t-il quand même être détenu par voie d'autorité (382)? La mère pourra-t-elle agir par voie d'autorité? Le concours non de deux parents, puisqu'il n'y en a pas, mais de deux amis du père sera-t-il nécessaire? Et si cette mère naturelle est mariée, aura-t-elle encore des droits sur son enfant?...

Je ne discuterai pas l'opinion qui repousse les art. 380 et 381, et admet que l'art. 382 est seul applicable, car les raisons sur lesquelles elle se base ne sont pas suffisantes pour motiver cette distinction arbitraire.

Une seconde opinion prend à la lettre le texte de

l'art. 383 et raisonne ainsi ; cet article dit : « Les art. 376, 377, 378 et 379 sont applicables aux père et mère des enfants naturels. » Ces articles leur sont donc seuls applicables, et cela parce que les enfants naturels seront souvent irrespectueux et insoumis ; il était donc utile de donner aux parents une autorité plus forte. La mère pourra, en conséquence, faire détenir par voie d'autorité son enfant âgé de moins de seize ans, sans avoir besoin d'aucun concours. La détention par voie d'autorité s'appliquera à l'enfant qui a des biens personnels ou un état, et le mariage du père ou de la mère laissera entier à leur disposition le droit de correction (1).

Les arguments de ce système ne s'imposent pas. Et en effet l'art. 383 ne renvoie pas aux art. 380 et suivants, dit-on... C'est vrai, mais renvoie-t-il davantage à l'art. 371... à l'art. 372? Non, et pourtant personne n'en tire cette conclusion que l'enfant naturel ne doit pas honneur à ses père et mère ou qu'il doit rester en puissance après sa majorité. Les rédacteurs du Code ont tenu à indiquer les règles principales, celles surtout qui auraient pu paraître exorbitantes, appliquées aux parents naturels, si une consécration expresse ne leur avait pas été donnée ; et ils ont voulu que les règles qui rentraient dans l'ensemble de la théorie de la correction fussent appliquées par analogie. L'orateur du gouvernement disait au Corps législatif : « un des articles du projet (c'est le nôtre) accorde la même puissance et les mêmes droits aux père et mère des enfants naturels légalement reconnus. » Voilà quelle était l'intention du législateur, seulement elle fut modifiée parce que on ne voulait pas

---

(1) Aubry et Rau, Proudhon, Taulier.

donner aux parents naturels le droit d'usufruit légal. Est-il besoin d'ajouter avec Marcadé et M. Demolombe que les règles de la morale et de la logique veulent que les père et mère naturels n'aient pas une autorité plus grande que celle des parents légitimes? Et l'enfant naturel, qui est seul au monde, doit être protégé avec autant de sollicitude contre les abus de l'autorité paternelle, que l'enfant légitime dont la famille, dans les circonstances difficiles, ne manquerait pas d'intervenir. Donc, si le père a épousé une femme autre que la mère de l'enfant, il ne pourra, dans aucun cas, faire détenir son enfant par voie d'autorité (380). La voie de la réquisition sera aussi seule employée quand l'enfant aura des biens personnels, ou quand il exercera un état. La mère ne pourra pas faire détenir l'enfant par voie d'autorité, bien que l'art. 383 déclare l'art. 376 applicable « aux père et mère », car cet article n'est pas mentionné seul, et des motifs de la loi il résulte qu'elle n'a pas entendu donner à la mère le droit que l'art. 376 donne au père. Et malgré la controverse, on peut admettre que le concours de deux amis du père ou de deux membres du conseil de famille sera nécessaire à la mère, qui perdrait complètement le droit de correction si elle se mariait.

SECTION III

Des modes de dissolution de la puissance paternelle, et des cas dans lesquels l'exercice de cette puissance peut être enlevé au père et à la mère ou modifié entre leurs mains.

I

MODES DE DISSOLUTION PROPREMENT DITS.

§ 1

A partir d'un certain âge, chaque individu est en état de se diriger soi-même et de gouverner ses biens.

Au point de vue théorique, un âge unique ne peut pas être fixé, car suivant les personnes le développement de la raison sera plus ou moins rapide. Mais la loi devait décider sur ce qui se produit généralement chez le plus grand nombre et, à vingt et un ans, les enfants de l'un et l'autre sexe auront atteint leur majorité. C'est-à-dire ils seront libres d'accomplir tout acte de la vie civile, et, sauf en ce qui concerne le mariage et l'adoption, ils seront libérés de l'autorité paternelle. Telle est la règle ; au père de voir s'il juge utile de ne pas garder son fils aussi longtemps en puissance ; alors il peut l'émanciper.

§ 2. — *De l'émancipation.*

L'émancipation est l'acte par lequel le mineur acquiert la faculté de gouverner sa personne et ses biens.

Elle est tacite quand elle résulte du mariage. L'enfant jugé capable de remplir les devoirs d'époux et de père doit en effet être considéré comme pouvant se gouverner lui-même.

Elle est faite expressément par une déclaration du père ou de la mère du mineur, reçue par le juge de paix (1). L'enfant doit avoir quinze ans révolus. Quand c'est le mariage qui émancipe, l'âge n'a aucune importance. Il importe peu que plus tard le mariage vienne à se dissoudre, le mineur n'est pas moins émancipé d'une façon irrévocable. Si le mariage était annulé, au contraire, l'émancipation ne serait pas produite. Néanmoins, tant que le jugement n'est pas rendu, le mariage continue à produire ses effets.

Les autres modes d'émancipation tacite qui existaient dans l'ancien droit coutumier n'ont pas été admis par le Code.

Des principes de l'émancipation expresse il résulte que l'enfant pourrait être émancipé malgré lui. Le droit du père est souverain et le juge de paix ne peut pas refuser de recevoir l'acte d'émancipation, alors même que la séparation de corps aurait été prononcée contre le père.

Une fois émancipé, le mineur n'est plus soumis ni au droit de garde, ni au droit de correction. Il est libre d'agir à sa guise et d'habiter où bon lui semble.

Nous avons dit plus haut que le mineur, alors même qu'il est émancipé, doit toujours, suivant certaines distinctions, avoir pour se marier le consentement de ses père et mère, de ses ascendants ou du conseil de famille.

---

(1) Je me place dans l'hypothèse où le mineur a son père et sa mère, ou au moins l'un d'eux. Dans les autres cas, la délibération du conseil de famille est nécessaire, et les règles concernant plusieurs conditions de l'émancipation sont changées.

S'il veut s'engager dans l'armée, que doit-on décider ?

Suivant l'art. 374, l'enfant ne peut quitter la maison paternelle si ce n'est pour enrôlement volontaire, et à l'âge de dix-huit ans révolus. L'art. 32 de la loi du 21 mars 1832, et après lui l'art. 46 de la loi du 27 juillet 1872, modifiant cet art. 374, exigent le consentement des père et mère ou du tuteur si l'engagé a moins de vingt ans. Aucune distinction n'est faite entre les enfants émancipés et ceux qui ne le sont pas, la règle doit donc s'appliquer dans tous les cas.

« Tout mineur émancipé, dont les engagements auraient été réduits en vertu de l'article précédent, pourra être privé du bénéfice de l'émancipation. » (Art. 485.) La solution serait identique si les engagements, sans être réduits, étaient cependant réductibles : tel est l'avis des auteurs. Ils admettent aussi que l'émancipation produite par le mariage, étant indépendante des volontés privées et s'opérant de plein droit, ne peut pas être révoquée.

Une autre question très importante se présente : peut-on faire révoquer l'émancipation d'un mineur qui n'a pas contracté des engagements excessifs, mais qui a une mauvaise conduite? M. Demolombe le pense : « Comment, la loi autorise la révocation de l'émancipation dans l'intérêt de la fortune du mineur, qui pourtant ne pourrait pas très sérieusement la compromettre, et elle ne l'autoriserait pas dans l'intérêt de sa personne, de son avenir, de son honneur! » Suivant lui, le législateur a supposé que le mineur émancipé qui serait répréhensible dans sa conduite le serait aussi dans l'administration de ses biens. C'est ce qui arrivera le plus souvent ; mais si, sans contracter des obligations excessives, le mineur abuse de sa liberté, c'est se conformer à l'esprit de la loi que de la lui enlever. Et les tribunaux devraient avoir le droit de révoquer l'émancipation aussi bien que d'enlever à un père la garde de son enfant.

C'est aller bien loin. On admet, il est vrai, dans certains cas, l'intervention des tribunaux; il ne faut cependant pas croire pour cela que le bénéfice de l'émancipation puisse être retiré d'une façon arbitraire. La loi a réglé l'état et la capacité des personnes, un texte seul peut donc les modifier, et on ne peut enlever au mineur la capacité qu'il a acquise que dans l'hypothèse prévue par le Code.

II

DES CAS DANS LESQUELS L'EXERCICE DE LA PUISSANCE PATERNELLE PEUT ÊTRE ENLEVÉ AU PÈRE ET A LA MÈRE OU MODIFIÉ ENTRE LEURS MAINS.

§ 1

Un seul texte prononce une déchéance complète; c'est l'art. 335 du Code pénal : Le père ou la mère qui se sera rendu coupable du délit d'attentat aux mœurs en excitant son enfant à la débauche « sera privé des droits et avantages à lui accordés sur la personne et les biens de l'enfant par le Code civil, l. I, t. IX, *de la Puiss. pat.* » Cette déchéance est l'accessoire de la peine prononcée suivant l'art. 334 (1) du Code pénal, et elle est produite de plein droit par la condamnation.

---

(1) Il faut signaler de nombreuses variations de jurisprudence.
Cet article exige-t-il la condition d'un trafic, et en conséquence ne vise-t-il que le proxénétisme ? S'étend-il aussi à la satisfaction des passions personnelles ? Des arrêts ont été rendus dans les deux sens, et des auteurs ont décidé qu'une liberté complète d'appréciation devrait être laissée aux tribunaux.

Les motifs de cette déchéance n'ont pas besoin d'être indiqués. Il ne faut cependant pas l'exagérer et, tout misérable que soit un père, capable de commettre des actes aussi monstrueux, on ne peut pas se servir de notre article pour lui retirer la puissance paternelle sur la personne des autres enfants envers lesquels il ne s'est rendu coupable d'aucun délit. Nous sommes en présence d'une disposition pénale qui ne saurait être étendue, on peut le regretter, mais le texte de l'art. 335 ne peut pas recevoir une interprétation aussi large.

Même sur la personne de l'enfant victime de l'attentat, la déchéance n'est pas absolue. M. Valette lui a reconnu, à tort, un caractère aussi radical. La loi s'est expliquée, et les droits enlevés au père sont ceux qui sont énumérés « par le Code civil, l. I, t. IX, *de la Puiss. pat.* » Or, dans le titre IX on ne trouve ni le droit de consentir au mariage ou à l'adoption, ni le droit d'émanciper.

§ 2

Une autre déchéance qui, sans atteindre fatalement le père, peut être prononcée, existe dans les art. 2 et 3 de la loi du 7 décembre 1874.

Elle frappe les parents qui livrent à des saltimbanques, directeurs de cirques, etc., leurs enfants âgés de moins de seize ans, ou qui les emploient à la mendicité. Des difficultés d'un ordre spécial ont empêché, jusque dans ces dernières années, que l'observation de cette loi fût très rigoureuse. La situation ne sera pas longtemps ainsi faite, du moins on peut le présumer, après les instructions relativement récentes du parquet de la Seine et de la préfecture de police (1).

§ 3

Quand la mort civile était admise, il ne pouvait plus être question, pour le mort civilement, de puissance paternelle, à moins qu'il obtînt sa grâce et sa réhabilitation, et encore il recouvrait les droits qu'il avait perdus pour l'avenir seulement ; il devait donc respecter les actes qui auraient été régulièrement accomplis par la mère.

Celui qui est frappé de dégradation civique reste investi de la puissance paternelle, puisque l'art. 34, en énumérant limitativement les incapacités qui le frappent, ne lui retire pas ses attributions de père. Il ne pourra plus être tuteur, si ce n'est de ses enfants, et avec l'autorisation du conseil de famille, mais aucune assimilation ne peut être faite ici entre la tutelle et l'autorité du père proprement dite.

Je proposerai la même solution si le père est interdit légalement. L'autorité ne lui est pas enlevée en réalité. Quelques jurisconsultes croient que l'exercice doit en être suspendu pendant la durée de l'interdiction et, en fait, dans un grand nombre de cas cette exercice sera en effet impossible. On peut néanmoins penser, avec M. Faustin Hélie, que l'interdiction légale empêche seulement l'administration des biens, et n'altère ni la jouissance ni l'exercice des droits civils du condamné, qui peut s'obliger, tester, se marier, etc. L'art. 29 du Code pénal est très précis : « Il lui sera nommé un tuteur et un subrogé-

---

(1) *V.* M. Boucart, professeur à la faculté de Nancy, *France judiciaire*, 1ᵉʳ septembre 1883.

tuteur pour gérer et administrer ses biens dans les formes prescrites pour les nominations des tuteurs et des subrogés-tuteurs aux interdits. » La disposition du Code pénal de 1791 « le condamné ne peut, pendant la durée de sa peine, exercer aucun droit civil » n'a pas été reproduite. Cela paraît juste. Que veut la loi ? Rendre impossible l'abandon des biens du condamné et empêcher qu'il reçoive des secours. On ne peut donc pas infliger des déchéances qui ne sont ni dans le texte ni dans l'esprit de la loi. En pratique, la jurisprudence fait une distinction : elle annule les aliénations ainsi que les autres dispositions entre vifs de l'interdit, et elle laisse subsister son testament.

§ 4

J'arrive à une question d'autant plus difficile qu'elle présente une grande importance. Il est d'ordre public, et conforme aux principes de notre législation moderne, que le droit qu'ont les pères de châtier leurs enfants doit avoir une limite. Lorsqu'un père maltraite son enfant, se livre sur lui à des voies de fait, le ministère public doit agir, car le lien qui attache le père à son enfant doit être non une cause d'absolution, mais plutôt une cause d'aggravation dans la peine qui lui sera appliquée. « Les pères, a dit il y a déjà longtemps un avocat général, qui exercent leur bonté envers les enfants sont alors juges souverains ; mais quand ils exercent leur justice et qu'ils châtient leurs enfants, leur pouvoir est soumis aux juges qui doivent juger leurs jugements. La jurisprudence actuelle n'est pas plus tolérante à cet égard que l'ancienne. »

Donc, si un père a oublié ses devoirs, s'il s'est rendu coupable d'un délit ou d'un crime, il sera jugé et condamné. Après l'expiration de sa peine devra-t-on lui rendre ses enfants? Ou, sans constituer un délit, si les mauvais traitements mettent en péril la santé ou l'intelligence de l'enfant, que fera-t-on dans le silence absolu de la loi? « Il faut venir au secours de l'enfant, a écrit M. Demolombe, la raison, la morale, l'humanité même l'exigent, dans l'intérêt de l'enfant, dans l'intérêt de l'ordre public. » Les réflexions de l'éminent jurisconsulte donnent sans doute un grand poids moral au système qui est le sien, cependant l'hésitation est permise, puisque, je le repète, la loi est muette. Pourtant, comment ne pas protéger l'enfant? Malgré les inconvénients et les difficultés pratiques qui se présentent, les tribunaux pourront donc intervenir. Malheureusement des éléments sérieux d'appréciation feront souvent défaut, et le juge auquel il sera possible de punir le père qui, revenant ivre à sa maison, a maltraité son fils, ne saura jamais atteindre celui dont les moyens de torture, pour échapper à toute constatation matérielle, ne sont pas moins trop réels. Afin de se rendre compte de la situation qui est faite à l'enfant, le Tribunal devra s'immiscer de sa propre autorité en quelque sorte dans l'intérieur des familles, et il y a là un danger véritable. C'est dire qu'on se heurte à des difficultés qu'un texte de loi n'aurait pas supprimées, mais qu'il aurait atténuées.

Si l'on admet l'intervention possible des tribunaux, il ne faut pas l'ériger en principe absolu, et la restreindre au contraire aux cas dans lesquels l'intérêt physique des enfants ou les bonnes mœurs seront en question (1). Cette

---

(1) Un arrêt de la Cour de cassation, du 23 janvier 1879, a décidé que la

règle, qui ainsi posée est déjà bien large, devait être écrite lors de la rédaction du Code. La question fut renvoyée à plus tard sous le prétexte qu'il ne fallait pas d'abord s'occuper des questions de détail. Ensuite on n'en parla plus, par oubli probablement, peut-être aussi parce que l'on sentait combien la réglementation était difficile.

Il est certain que dans notre ancien droit les magistrats usaient souvent de ce pouvoir modérateur ; tous les anciens auteurs le reconnaissent. L'art. 444 qui exclut ou rend destituables de la tutelle ceux d'une inconduite notoire, ou dont la gestion atteste l'infidélité ou l'incacité, s'applique, sans aucun doute, au père tuteur. Peut-être donc doit-on l'étendre *par une sorte d'application utile* au père pendant le mariage. En France, l'autorité du père existe dans l'intérêt de l'enfant seul ; c'est donc au juge que doit appartenir la mission de veiller à ce que l'esprit de la loi soit maintenu dans son intégrité.

Malgré l'avis contraire d'un auteur, le père pourrait ne pas conserver la tutelle et ne pas être pour cela privé de la puissance paternelle. L'art. 450 charge le tuteur de prendre soin de la personne du pupille, mais l'art. 372 n'est pas moins explicite quand il place l'enfant jusqu'à sa majorité sous l'autorité du père ; or, ici c'est ce der-

---

puissance paternelle établie surtout dans l'intérêt de l'enfant n'est pas absolue, et qu'il appartient aux tribunaux d'en restreindre l'exercice, quand matériellement ou moralement l'intérêt de l'enfant est en péril. Un arrêt de la Chambre des requêtes du 15 mars 1864 consacrait la même doctrine. Ces arrêts n'ont pas été admis sans réclamations. « La morale, il est vrai, dit un annotateur, veut que la puissance paternelle soit tutélaire et protectrice, et que l'autorité du père ne devienne pas un moyen de tyrannie ou de démoralisation, mais la loi est muette à cet égard et, tant que le législateur n'aura pas comblé cette lacune, il nous paraîtra moral, mais antijuridique, de décider dans le sens adopté aujourd'hui par la jurisprudence des cours et des tribunaux. » *France judiciaire.* C. f. M. Laurent, t. IV.

nier article qui doit être suivi. En faisant l'art. 450, le législateur a voulu prévoir l'hypothèse spéciale dans laquelle l'enfant est orphelin.

Il ne faut pas non plus croire que, si pendant le mariage la puissance est ôtée au père, les enfants seront mis forcément en tutelle, parce qu'autrement ils retomberaient sous le pouvoir dont on les a affranchis, puisque la mère est sous la dépendance du mari. Cette théorie est inadmissible ; rien dans la loi ne la confirme, et on ne peut pas arbitrairement déclarer anéantie une autorité que le Code accorde et au père et à la mère. Le droit d'appréciation des tribunaux sur ces questions « n'est pas écrit, sans doute, dans un texte formel, mais est fondé sur la nécessité, et dès lors doit avoir pour mesure et pour limite cette nécessité même qui est sa cause ». Les tribunaux devront donc remédier aux abus de la puissance paternelle, sans pouvoir précisément destituer ceux qui en sont investis par la loi.

§ 5

Cette théorie générale doit être complétée par l'examen de quelques hypothèses.

« Quand le père et la mère sont vivants et demeurent ensemble, il ne peut y avoir aucune difficulté sur l'éducation de leurs enfants : c'est à eux qu'elle appartient par le droit de la nature, et il est sans exemple qu'on ait entrepris de les en priver (1). » Cette affirmation présente une exagération évidente, si le père ne remplit pas sa tâche, la justice interviendra, et confiera l'enfant à la mère,

---

(1) Merlin, *Répertoire*.

quand en fait elle ne vivra pas avec son mari. Si c'est impossible, l'enfant sera confié à un ascendant, ou mis dans une pension (1).

A ce propos, quelles sont les obligations du père en matière d'instruction ? La doit-il proportionnée à sa fortune et à sa position sociale ? Pourrait-on user de contrainte envers lui ? Marcadé enseigne la négative sur l'art. 385, II. Lorsque l'enfant a des biens personnels dont le père est usufruitier, la question ne fait pas de doute. Mais, dans le cas contraire, qui pourrait agir ? On refuse généralement ce droit au ministère public, bien que l'on puisse peut-être voir un argument en sens contraire dans l'art. 267 de la loi du 29 juillet 1884. Ce sera donc, après la mort de l'un des époux, le tuteur, ou si le père et la mère existent, la mère qui réclamera dans l'intérêt de l'enfant ; si elle ne voulait pas ou n'osait pas agir, le conseil de famille pourrait être convoqué d'office par le juge de paix (2). Mais « on ne saurait être en pareille matière trop réservé ; l'autorité des père et mère, le secret de leurs affaires, leurs projets sur l'avenir de leurs enfants, il faut les respecter (3) ». On demande seulement

---

(1) Tribunal de Marseille, 3 août 1881.
Les tribunaux peuvent, lorsqu'un père de famille a méconnu gravement les obligations que lui impose l'art. 203, C. civ., retirer à ce père la garde de ses enfants et la confier à une tierce personne, par exemple à l'aïeul des enfants. Le juge de référé peut même, en cas d'urgence, retirer cette garde au père pour la confier à l'aïeul.
Un jugement du tribunal de la Seine avait décidé dans un autre sens, en 1877, que le père peut non seulement choisir l'établissement d'instruction dans lequel il mettra son enfant, mais aussi interdire qu'il s'établisse aucune communication entre lui et les personnes du dehors. Il a ajouté en substance que si l'exercice de ce droit peut, en cas d'exagération ou d'abus, tomber sous le contrôle des tribunaux, dans aucun cas, les juges ne pourraient affaiblir entre ses mains le droit de garde que la loi lui a confié.
(2) M. Demolombe.
(3) Idem.

que l'obligation de l'art. 203 ne soit pas tout à fait dépourvue de sanction, et qu'au besoin on trouve en lui le droit d'agir en justice. Plusieurs arrêts ont été rendus en ce sens. Le premier Consul disait au Conseil d'État : « Un père donne une mauvaise éducation à son fils, l'aïeul sera-t-il autorisé à lui en donner une meilleure ?... Un fils parvenu à l'âge de discernement, et qui ne reçoit pas une éducation conforme à la fortune de son père, peut-il se pourvoir et demander à être mieux éduqué ?... Peut-être serait-il nécessaire de distinguer entre l'éducation des garçons et celle des filles ?... Ces questions, ajournées comme beaucoup d'autres, ne furent pas reprises.

L'ancien droit admettait à peu près les mêmes principes que la nouvelle jurisprudence. « Le père, comme chef de la société maritale, a le droit de décider du genre d'éducation qu'il veut donner à ses enfants, et de choisir les maîtres qui doivent les instruire, sans que la mère puisse s'y opposer, si ce n'est dans le cas où le père voudrait donner à ses enfants une éducation contraire à la décence et aux bonnes mœurs (1).

§ 6

Si le père et la mère sont à la veille d'obtenir la séparation de corps ou le divorce, l'art. 267 de la loi du 19 juillet 1884 est ainsi conçu : « L'administration provisoire des enfants restera au mari demandeur ou défendeur en divorce, à moins qu'il n'en soit autrement ordonné par le Tribunal sur la demande soit de la mère, soit de la famille ou du ministère public, pour le plus grand avantage des enfants ». La seconde comme la première

(1) Nouveau Denizart.

partie de cet article doit être appliquée à l'instance en divorce et à l'instance en séparation de corps. On ne peut pas croire qu'une jeune fille, par exemple, puisse être obligée de demeurer avec son père qui entretient une concubine dans le domicile conjugal. C'est le Tribunal tout entier qui jugera sur la demande de la mère, de la famille ou du ministère public.

Je suppose maintenant que le divorce a été prononcé : d'une façon générale, la loi nouvelle comme l'ancienne favorise l'époux en faveur duquel le divorce a été prononcé. Les législateurs ont pensé avec raison qu'un mauvais époux ne pouvait pas faire un bon père. Le principe général est posé dans l'art. 302 : « Les enfants seront confiés à l'époux qui a obtenu le divorce »; mais le Tribunal, régulièrement saisi, peut déroger à cette règle. L'époux défendeur pourrait même provoquer cette mesure. Pareillement, après une délibération du conseil de famille, un de ses membres qui aurait reçu mandat à cet effet pourrait agir. Le Tribunal qui aurait déjà statué pourrait très bien prescrire une nouvelle mesure qui semblerait plus favorable aux enfants (1). Il peut confier la garde de l'enfant à une tierce personne s'il juge que les époux ne sont pas dignes de confiance. Ce qui n'empêche pas l'époux privé de la garde d'être tenu de veiller à l'entretien et à l'éducation de ses enfants et d'y contribuer dans la mesure de ses moyens.

Celui, père ou mère, qui a la garde a aussi le droit

---

(1) C. p. r. Marseille, 21 novembre 1884.
Les tribunaux, saisis d'une demande en conversion de divorce d'un jugement de séparation de corps, ne peuvent apporter aucune modification aux autres dispositions de ce jugement relatives soit à la garde des enfants, soit à la pension alimentaire, sauf aux parties à se pourvoir ultérieurement par demande principale sur ces divers points.

de correction, sans distinguer si le divorce a été prononcé contre lui ou en sa faveur. Mais si la garde a été donnée à un tiers, à qui peut-on attribuer le droit de correction qui reste, en définitive, un attribut essentiel de la puissance paternelle et ne peut pas se comprendre entre les mains d'un étranger? Quelques auteurs pensent qu'il appartiendra au père et à la mère d'une façon égale (1). Cette décision ne paraît pas très juridique en présence du texte de l'art. 375 et de l'art. 381, qui donne le droit de faire détenir l'enfant seulement à la mère « survivante et non remariée ». Il faut donc reconnaître le droit absolu du père, car je ne crois pas que du texte de l'art. 373 on puisse induire que la mère divorcée doit avoir le même droit de correction que le père. Si cet article a dit que le père exerçait seul l'autorité pendant le mariage, il a voulu indiquer par là que le père, pendant toute sa vie, serait seul souverain juge. On tranchera bien des difficultés en admettant encore, sur ce point, un certain pouvoir discrétionnaire des tribunaux.

Le droit d'émanciper restera entre les mains du père. L'hésitation permise à propos du droit de correction, qui est un accessoire du droit de garde, n'a pas sa raison d'être à propos de la faculté d'émanciper, qui n'a pas le même caractère. Il faut appliquer aussi, au sujet du consentement au mariage, le texte de l'art. 148 dans son entier.

De ces principes ressort le peu de fondement de l'opinion suivant laquelle l'époux contre lequel le divorce est prononcé se trouve déchu de la puissance paternelle et considéré comme mort. L'art. 303 lui impose l'obligation de contribuer à l'éducation et à l'entretien de ses

---

(1) M. Laurent.

enfants; il sera donc seulement déchu des attributs de la puissance paternelle qui lui sont expressément enlevés par la loi.

§ 7

Si le père et la mère sont séparés de corps, on pourrait raisonner ainsi : « aux termes des art. 373 et 384, le père a seul, pendant le mariage, l'autorité sur la personne de ses enfants. Or, d'une part, la séparation de corps, très différente du divorce, ne dissout pas le mariage; d'autre part, aucun texte n'a modifié les art. 373 et 384 et n'a étendu à la séparation de corps les dispositions spéciales du divorce : sur ce point donc le père conserve, dans tous les cas, ses droits sur la personne et sur les biens de ses enfants. » Si l'argument peut paraître décisif quant aux biens, les auteurs n'ont pas cru qu'il fût péremptoire qnant à la personne de l'enfant, et ils admettent une déchéance sans être d'accord sur son étendue.

MM. Aubry et Rau pensent que le père au profit duquel la séparation de corps a été prononcée ne peut pas être privé de la garde de ses enfants. Si la séparation avait été prononcée contre lui, la garde qui, suivant eux, serait valablement attribuée à la mère ou à un frère, pourrait aussi être donnée au père quand même la famille n'en ferait pas la demande.

M. Demante laisse en principe l'autorité au père demandeur ou défendeur, mais il n'hésite pas à appliquer les art. 302 et 303, en ce qui concerne le pouvoir discrétionnaire des tribunaux.

Enfin, la jurisprudence et plusieurs auteurs soutiennent que ces articles sont applicables aussi bien dans le cas de séparation de corps que dans le cas de divorce.

Le système de MM. Aubry et Rau et celui de M. Demante ne sont pas en effet conformes à l'art. 302 qu'ils admettent seulement avec des restrictions arbitraires. Sont-ils conformes à l'art. 373 ? Pas davantage, puisqu'ils prétendent que les droits du père séparé de corps doivent se trouver modifiés au moins un peu. Je répète donc que l'art. 302 n'enlève pas complètement au père divorcé son autorité; ce père conserve donc les attributions qui ne lui sont pas ôtées d'une façon expresse, et les art. 302 et 303 peuvent s'appliquer aussi bien dans le cas de séparation de corps que dans le cas de divorce. On ne doit pas supposer que le législateur n'a pas songé à régler le sort des enfants quand la séparation de corps se produit ; aussi généralement on reconnaît que l'art. 267 (1) doit recevoir son application. Eh bien ! si on peut enlever au père, après le jugement, la garde de ses enfants, pourquoi serait-il extraordinaire qu'on la lui enlevât avant ce jugement ? Au reste, le père auquel la garde de l'enfant aura été retirée conservera les autres droits de la puissance paternelle : il pourra, par exemple, surveiller l'éducation de ses enfants, et s'adresser à la justice si la mère remplissait mal la mission qui lui a été confiée par le Tribunal. « Il faut s'attendre, il est vrai, à des conflits, à des tiraillements, à des prétentions rivales de toutes sortes; mais que vous dirai-je ? Les tribunaux apprécieront, et je m'empresse moi-même d'ajouter pour conclusion que c'est devant eux qu'il faudrait en

---

(1) « L'administration provisoire des enfants restera au mari demandeur ou défendeur en divorce, à moins qu'il n'en soit autrement ordonné par le Tribunal sur la demande soit de la mère, soit de la famille, ou du ministère public, pour le plus grand avantage des enfants. »

venir toutes les fois que ces abus seraient signalés soit à l'égard de la personne, soit à l'égard des biens des enfants (1). »

§ 8

Après la mort de l'un des époux, la situation des enfants varie suivant que le survivant a été investi de la tutelle ou que, au contraire, elle ne lui a pas été donnée, et aussi suivant qu'il est remarié ou non.

L'époux survivant exercera l'autorité. Quand il a la tutelle, rien de particulier n'est à signaler, si ce n'est le caractère spécial de la tutelle, bien distincte de la puissance paternelle dont l'étendue est beaucoup plus grande. Le père tuteur agit comme père sur la personne de l'enfant, ce qui n'empêche pas le subrogé-tuteur qui a dû être nommé et le conseil de famille d'agir devant le Tribunal dans l'intérêt de l'enfant, si cela est nécessaire.

Supposons que la tutelle n'a pas été donnée à l'époux survivant, des conflits se produiront le plus souvent, mais cet époux aura quand même la garde de l'enfant. Voici ce que disent les anciens auteurs : « Lorsque le gardien et le tuteur sont deux personnes différentes, l'autorité du tuteur sur la personne du mineur est éclipsée par celle du gardien (2). »

Tel est l'esprit du Code. Le père peut, il est vrai, nommer à la mère un conseil sans l'avis duquel elle ne pourra pas accomplir tous les actes ou seulement quelques actes de la tutelle; cependant il ne lui est pas permis de

---

(1) M. Demolombe.
(2) Nouveau Denizart.

retirer à la mère l'autorité que lui confère la loi sur ses enfants. N'est-il pas naturel que la garde des enfants soit toujours confiée à celui des époux qui a survécu ? Il sera souvent incapable de gérer la tutelle, et aura quand même les qualités utiles à l'éducation des enfants. Un nouveau mariage même ne lui ferait pas perdre le droit de garde, la preuve en est au sujet du père dans l'art. 380, et pour la mère les conséquences de son nouveau mariage ont été énumérées limitativement par le Code (art. 381, 386, 399, 400).

Les juges régulièrement saisis par le tuteur quand l'époux n'exerce pas la tutelle devront rechercher les causes pour lesquelles il n'en a pas été investi, et décider si elles sont suffisantes pour que la garde de ses enfants ne lui soit pas laissée. Quand l'art. 444 aura reçu son application, il est évident que, dans le plus grand nombre de cas, la garde sera enlevée au conjoint survivant destitué de la tutelle. Le tuteur, le subrogé-tuteur devront provoquer les mesures les plus propres à sauvegarder l'intérêt de l'enfant, et le conseil de famille, sur la demande de l'un de ses membres ou sur la convocation du juge de paix, pourra se réunir.

Rien n'oblige à admettre la validité de l'action du ministère public. Pothier pensait autrement, mais aujourd'hui le ministère public ne peut agir d'office au civil que dans les cas qui ont été spécifiés par la loi. Il est vrai qu'il doit poursuivre l'exécution des lois dont les dispositions intéressent l'ordre public (loi des 16-24 août 1790), et ce droit se transforme même en obligation. Ici cette règle est indifférente, car la loi de 1790 prévoyait évidemment les hypothèses dans lesquelles il y aurait lieu à une répression pénale.

Ainsi que je l'ai déjà dit à propos du divorce, le père ou la mère privé de la garde de ses enfants ne perd pas forcément le droit de correction, ni à plus forte raison le droit d'émancipation en réservant aux intéressés le droit de se pourvoir devant les tribunaux.

Le consentement au mariage sera toujours donné par le père et la mère, suivant les règles ordinaires, et les juges ne pourront jamais intervenir. Aucune considération d'humanité ni de nécessité ne peut être mise en avant, et s'il est nécessaire, je le répète encore, d'admettre dans certains cas l'intervention peut-être arbitraire, à coup sûr indispensable, des tribunaux, il faut avant tout la restreindre dans des limites convenables.

DROIT COMPARÉ

Exposé des règles admises sur la puissance paternelle dans les différents pays d'Europe.

BELGIQUE.

La Belgique a conservé le Code français. Comme en France, le père, condamné pour excitation de l'un de ses enfants à la débauche, ne perd pas son autorité sur la personne des autres enfants. Le Code pénal promulgué le 8 juin 1867 a, comme la loi de 1846, laissé subsister cette lacune. Et je ne crois pas qu'à l'heure actuelle aucune réforme soit proposée (1).

HOLLANDE.

Le Code hollandais se rapproche aussi du nôtre dans ses dispositions générales (2). Sur certaines questions de détail, au contraire, il a reçu des modifications fort utiles. Ainsi l'art. 373, au lieu de dire seulement que le père exerce l'autorité pendant le mariage, ajoute qu'en cas d'impossibilité de la part du père la puissance passera de

---

(1) C'est ce qu'écrivait, il y a quelques années, à la Société de législation comparée, M. Landrieu, avocat au barreau de Bruxelles.

V. l'étude de M. Pradines, *Bulletin de législation comparée*, février 1880.

(2) Le nouveau Code du 3 mars 1881 a indiqué les hypothèses dans lesquelles le père pourra être privé de son autorité.

droit à la mère. Avec ce texte les tribunaux ont pu dans certaines hypothèses considérer l'indignité comme une impossibilité ; tandis que les tribunaux français, en admettant également que dans le cas d'impossibilité l'autorité ira à la mère, sont obligés de se tenir aux cas d'impossibilité matérielle.

L'incarcération de l'enfant, qu'il ait ou non seize ans, doit être demandée au Tribunal et jamais au président seul. C'est dire que les droits du père sont un peu moins absolus que chez nous. Cependant le fils, avant sa majorité ou son émancipation, ne peut pas quitter la maison paternelle pour entrer dans l'armée.

RUSSIE.

La puissance paternelle est la même que celle « qui est accordée par la loi française (1) ». Cependant l'indignité et l'incapacité du père sont prévues. Dans des cas très nombreux, le père peut être privé de ses droits, et alors la puissance passe à la mère ou à un tuteur nommé par le conseil de famille, si la mère est morte ou indigne. La situation est la même quand le père est condamné aux travaux forcés....., déporté en Sibérie....., s'il est reconnu coupable d'excitation à la débauche ou d'abjuration de la religion orthodoxe....., s'il est prouvé qu'il a un vice évident ou un caractère rude.

Aucune disposition n'est applicable aux parents frappés d'aliénation mentale ; mais comme ces personnes sont interdites quand leur état mental a été légalement constaté par le Sénat pour les classes privilégiées, et par la

---

(1) M. Enoch, correspondant de la Société de législation comparée.

préfecture pour les autres, elles ne peuvent évidemment pas exercer la puissance paternelle.

POLOGNE.

Le code Napoléon est resté en vigueur. Seul, le livre I a été abrogé et remplacé par une loi promulguée le 1ᵉʳ juin 1825, dans laquelle le titre IX, concernant la puissance paternelle, a été remanié.

Les restrictions apportées à l'autorité du père ressemblent beaucoup à celles qui existent en Russie. Cette loi de 1825 enlève la puissance paternelle :

1° Aux condamnés à une peine afflictive et infamante (art. 21) ;

2° Aux interdits pour cause d'imbécillité, de démence ou de fureur (414) ;

3° Aux personnes engagées dans des vœux monastiques.

Celui qui n'est pas chrétien ne peut pas exercer sur un chrétien l'autorité paternelle.

Les gens d'une inconduite notoire sont exclus de la tutelle, comme ceux dont la gestion attesterait l'incapacité ou l'infidélité. « Il faut sans doute étendre cette dernière disposition à la puissance paternelle (1). »

Quand le père et la mère sont séparés de corps, si la séparation a été prononcée contre le mari, la tutelle passe de plein de droit à la mère. Lorsque les deux époux sont coupables, le conseil de famille statue.

PORTUGAL.

Les lois du Portugal offrent une analogie assez grande avec la loi française. Cependant, il faut indiquer de

(1) M. Pradines.

grandes différences : celui qui a abusé de la puissance paternelle et qui a été condamné pour ce motif est dépouillé de son autorité. Le père coupable d'un simple délit peut se voir enlever, à titre de peine accessoire, pour un temps dont le juge de paix fixe la durée, les droits qu'il a sur la personne et sur les biens de ses enfants. Suivant les cas, la tutelle qui s'ouvre alors est dévolue à la mère ou à un tuteur nommé par le conseil de famille.

Il est utile de remarquer que la déchéance ne frappera le père que s'il est coupable d'un crime ou d'un délit de droit commun.

ITALIE.

Le nouveau Code italien a consacré le principe de la déchéance qui pourra même être infligée à titre préventif; peut-être même, dans cette voie, a-t-il été trop loin.

L'enfant, à tout âge, doit honneur et respect à ses père et mère, et il reste sous leur autorité jusqu'à sa majorité, à moins qu'il n'ait été émancipé devant le préteur.

Le droit de correction du père italien ressemble à celui de notre Code. Toutefois, l'âge de l'enfant n'est pas pris en considération, et un recours contentieux est toujours ouvert. En outre, le président du Tribunal peut, sur la demande de la famille ou du ministère public, éloigner l'enfant de la maison paternelle, alors même que le père ne le voudrait pas (1).

Quand le père et la mère abusent de leur autorité « par la violation ou la négligence de leurs devoirs, ou par leur mauvaise administration des biens de l'enfant »,

(1) La Cour de Paris, par un arrêt du 2 août 1872, a fait l'application de cette règle à une jeune fille italienne.

le Tribunal pourra nommer un tuteur à la personne des enfants, et un curateur à leurs biens.

SUISSE.

Genève suit le Droit français. Dans les autres cantons, le gouvernement surveille la puissance paternelle. Voilà le principe qui leur est commun, mais chacun a sa législation bien particulière.

Vaud. — Le père a seul l'autorité pendant le mariage, et aucun contrôle n'est exercé. Au contraire, dès que le mariage est dissous, la tutelle s'ouvre, et la surveillance est donnée à une délégation du conseil municipal, appelée *waisenant*.

L'époux contre lequel le divorce a été prononcé est déchu de tous ses droits sur ses enfants.

Uri. — Les membres de la famille peuvent s'adresser au conseil communal, et demander la suppression de la puissance paternelle, si le père se montre indigne de l'exercer.

Chaque commune a un fonctionnaire spécial chargé de surveiller les tutelles.

Saint-Gall. — La loi de 1821 ne présente pas de différences bien tranchées avec la législation d'Uri, sauf au sujet de l'émancipation, qui peut être conférée par le gouvernement.

Berne. — Le père garde en sa puissance ses enfants âgés de moins de vingt-trois ans. Le gouvernement peut faire une émancipation valable, pourvu que le père le demande, et qu'il soit assisté par deux parents.

Fribourg. — La loi de Fribourg ne donne la tutelle à

la mère que si le père n'en a pas disposé par testament. La mère coupable d'inconduite perd la tutelle.

A signaler un cas de déchéance assez singulier qui se produit lorsque le père est déclaré en faillite.

Tessin. — Le Code de 1837 a conservé l'empreinte du droit romain. La puissance s'exerce sur les enfants mineurs de vingt-cinq ans, et on la donne à l'aïeul sur tous ses descendants. Un droit de correction modéré qui peut cependant aller jusqu'à la détention de l'enfant existe. La mère survivante n'est pas tutrice légale. Les devoirs du père sont spécifiés : ainsi, il doit donner une profession à ses enfants, en échange du respect et de la dette alimentaire auxquels ils sont tenus envers lui.

Les cantons de *Soleure*, d'*Argovie* et de *Schwitz* ont une législation qui ressemble beaucoup à celle de *Vaud*. Cependant, le Code d'*Argovie* pourvoit d'un curateur les enfants dont les parents ne remplissent pas leurs devoirs. Et d'après la loi de *Schwitz*, le waisenant peut faire retirer la tutelle au père coupable de « négligence grossière et persistante ».

Unterwal-le-Bas. — Le conseil de famille, organisé dans des conditions presque semblables à celles de notre loi, a en réalité un droit supérieur à celui du père, puisque, quand les intérêts de l'enfant sont compromis, il peut constituer une tutelle dative. Mais le gouvernement seul, excepté dans les hypothèses du mariage de l'enfant ou de son établissement, avec le consentement de ses auteurs, hors de la maison paternelle, peut donner l'émancipation.

Les principes en vigueur à *Bâle-Campague* se rapprochent beaucoup de ceux qui précèdent.

A *Bâle-Ville*, la puissance du père était encore, il

n'y a pas longtemps, réglementée par des ordonnances du siècle dernier (3 août 1767 et 16 décembre 1772). Une loi du 18 septembre 1876 a fixé la majorité à vingt-et un ans au lieu de vingt-quatre, tandis qu'à Bâle-Campagne elle a lieu à vingt ans.

Le gouvernement peut émanciper le mineur à tout âge.

Dans le *Valais*, on trouve des règles tout à fait particulières. Trois membres choisis dans le conseil municipal exercent la puissance paternelle en dernier ressort. L'autorité du père est si peu absolue, que le tuteur institué à côté de lui ou de la mère dirige l'éducation des enfants.

A *Neuchâtel*, l'autorité pupillaire, qui est la justice de de paix, a des droits supérieurs à ceux du père, et peut le déclarer déchu de la tutelle s'il est incapable ou indigne.

Les principes de *Zurich* sont les mêmes.

Les lois d'*Appenzel* et de *Zug* sont des dérivés de la législation du canton de Vaud. Cependant, dans le canton de Zug, la responsabilité des membres de l'autorité tutélaire pendant un an a été instituée.

Grisons. — Les mineurs sont divisés en deux classes : les mineurs simples, âgés de moins de 17 ans, et les mineurs émancipés au-dessous de 19 ans, âge auquel est fixée la majorité.

En résumé, l'on peut dire qu'en Suisse la puissance paternelle est une simple tutelle, bien que ce nom lui soit donné seulement quand le mariage est dissous.

ALLEMAGNE (1).

Le droit français est en vigueur dans l'Allemagne occidentale. Les autres pays sont régis par quatre législations différentes : le droit commun allemand appliqué partout où un code particulier n'existe pas ; le Code prussien en honneur dans tous les pays qui dépendent de la Prusse, et enfin le Code autrichien et le Code saxon (1811 et 1863).

Suivant le droit commun allemand, la mère n'a pas l'autorité paternelle, et le mari peut, en mourant, lui ôter l'éducation des enfants. Dans quelques contrées où le droit commun est combiné avec des usages locaux, le père et la mère exercent concurremment la puissance.

Le Code prussien impose à la mère le devoir de l'éducation tant que l'enfant est en bas âge. Ensuite commence le rôle du père qui dirige l'enfant comme bon lui semble. Néanmoins, le fils pubère peut réclamer assistance contre les actes de son père, c'est un tribunal spécial (Tribunal des tutelles) qui statue.

Un droit de correction très restreint existe seul. L'enfant ne pourra être détenu qu'avec l'autorisation du ministre de la justice ou du Roi.

La Coutume bavaroise met fin à la puissance du père coupable d'abus graves. Le Code prussien édicte la même peine contre celui qui a été condamné à un emprisonnement d'une durée supérieure à dix ans ; contre celui qui a été déclaré prodigue ou qui a abandonné ses

---

(1) *Voyez* comme complément ce que je dis sur le dernier état du droit, page 197, dans l'exposé du projet de loi présenté en 1881.

enfants. Le citoyen qui quitterait son pays pour se soustraire aux obligations que lui impose sa qualité de sujet subirait la même peine.

En Autriche, la mère peut aussi bien que le père user du droit de correction ; mais le père seul donne son consentement au mariage, et ce sont les deux époux réunis qui choisissent l'état qu'ils donneront à leur enfant.

La garde prend fin seulement lorsque l'enfant est âgé de vingt-quatre ans, et encore ce terme peut être reculé sur la demande du père pour cause d'incapacité, de prodigalité ou d'inconduite. Comme en France, le père indigne est privé de sa puissance. Et au point de vue de l'éducation seule, l'enfant pourra, si le père est négligent, être placé dans une maison d'éducation ou dans une autre famille. En cas d'abus dans l'exercice des droits du père, non seulement l'enfant, mais celui, quel qu'il soit, qui aura eu connaissance des mauvais traitements infligés à l'enfant peut saisir la justice. C'est à une autorité pupillaire semblable à celle qui existe en Suisse et en Prusse qu'appartient la décision.

Le Code saxon n'admet pas comme le Code prussien la perte de la puissance paternelle prononcée à titre de peine, toutefois, il déclare que si l'éducation ou le bien-être des enfants est négligé, la justice pourra enlever aux parents le droit d'éducation.

Lorsque les parents sont divorcés, c'est le Tribunal des tutelles qui statue sur le droit des enfants.

HONGRIE.

En Hongrie, certaines dispositions du Code autrichien et une législation spéciale qui n'est pas codifiée sont en vigueur.

Avant la loi du 4 juillet 1877 le père seul avait la puissance paternelle, et il en était privé seulement lorsqu'il négligeait l'éducation de ses enfants, quand il se rendait coupable de mauvais procédé, ou s'il commettait un crime capital.

Suivant la nouvelle loi, le père qui compromet la santé, la moralité ou la fortune de son enfant, peut être dépouillé de ses droits ; l'autorité tutélaire, exercée par le conseil des orphelins de la commune, décide alors, et un appel peut être fait devant le Tribunal.

NORWÈGE.

La législation de ce pays a subi, comme toutes les législations du Nord, l'influence bien marquée du vieux droit germain.

L'autorité pupillaire est instituée, et malgré le manque de codification, car on ne trouve ni une énumération des cas d'indignité, ni une détermination des mesures qui seront prises dans l'intérêt des enfants ; toutes les difficultés seront jugées par elle. Le Code de Christian V (1867) ne contient même pas un chapitre qui soit relatif à la puissance paternelle, et quelques lois sont venues seulement compléter les règles éparses dans ce Code.

L'enfant, majeur autrefois à dix-huit ans, l'est maintenant à vingt et un ans. La loi appelle le père *tutor legitimus*, et le droit d'éducation est exercé sous la surveillance du clergé.

Une loi de 1848 a institué une commission qui doit veiller à ce que les enfants ne soient pas maltraités. Lorsque les enfants ne sont pas entourés de soins convenables, ou quand ils se montrent vicieux, cette commission s'adresse à la commission des pauvres qui place ces enfants dans une autre famille aux frais du père, ou sur ses propres ressources.

Le droit de correction ne va pas jusqu'à permettre les mauvais traitements ; c'est du moins ce qui a été jugé par la Haute Cour de justice, car le Code de 1842 ne contient rien de précis. En Norwège, au siècle dernier, la correction s'exerçait bien en incarcérant l'enfant, mais l'ordonnance de 1741 qui contenait ces dispositions, restée sans application pendant un siècle, est tombée en désuétude.

Le père doit donner un état à son enfant, sans pouvoir lui faire prendre une profession qui ne lui conviendrait pas, et l'autorité pupillaire pourrait être saisie du différend.

Les fils qui à quinze ans entrent dans la marine sont soustraits à la puissance paternelle. Depuis 1869, la même règle est applicable aux filles majeures de dix-huit ans qui se mettent en service.

Comme en Suisse et en Allemagne, le mariage est facilité. Les filles seules ont besoin du consentement de leurs parents et l'autorite pupillaire a un certain pouvoir d'appréciation.

Cette autorité tutélaire a deux degrés : au premier, se trouve l'administration locale assistée des membres de la famille, au second un conseil électif prononce en dernier ressort.

DANEMARK.

Le contrôle purement administratif, comme en Norwège et en Suisse, est confié aux préfets.

Le père a un droit d'éducation sur ses enfants mineurs de dix-huit ans, et un droit de correction, même après sa majorité, sur l'enfant qui n'a pas quitté la maison paternelle.

C'est la mère qui a l'autorité sur l'enfant naturel.

Si les parents se conduisent mal, le préfet les fait venir, et, lorsqu'il le juge nécessaire, il peut priver le père de ses droits. En pratique, du reste, il ne le fait qu'à la dernière extrémité, et un recours au Ministre de la justice est ouvert. Aucune déchéance de plein droit accessoire ou principale n'est en usage (1).

ÉCOSSE.

En Écosse comme en Angleterre, la puissance paternelle est organisée dans l'intérêt des enfants. Jusqu'à leur puberté, le père semble avoir un droit plus absolu que celui dont il disposera ensuite.

Peut-il contraindre son fils à rester dans sa maison et à travailler pour lui ? La question est controversée, mais il faut reconnaître qu'il serait dangereux de permettre à des enfants, presque en bas âge, de quitter leur famille (2).

Certains auteurs admettent que l'enfant, une fois pu-

---

(1) Ces dispositions ne sont pas codifiées (M. Klubien, avocat à Copenhague, correspondant de la Société de législation comparée).

(3) Fraser : Parent and Child, cité par M. Pradines.

bère, devient libre s'il entreprend un commerce pour son compte ou s'il embrasse une carrière.

Le père qui ne remplit pas ses devoirs est considéré comme renonçant à ses droits, et ils sont annulés entre ses mains.

La mère ne participe pas à l'autorité, mais les obligations qui en dérivent peuvent passer au grand-père, ou à l'arrière grand-père paternel.

Suivant les auteurs, le père n'exerce aucune autorité sur le bâtard.

ANGLETERRE.

Le père est en réalité le tuteur légal de ses enfants. Dans cet ordre d'idées, la loi anglaise se rapproche de la loi écossaise.

Le père dirige l'éducation de ses enfants, et il a un droit de correction modéré. Il peut déléguer son pouvoir pendant sa vie, et à plus forte raison pour le temps où il sera mort ; s'il ne le fait pas, l'autorité est exercée par la mère sous le nom de *gardiennage.*

Le droit commun (the common law) n'oblige pas les parents à entretenir leurs enfants ; et les enfants ne sont jamais tenus de fournir des aliments à leurs parents.

Les auteurs (1) soutiennent que ces obligations sont sous-entendues dans la loi, et la jurisprudence a suppléé aux lacunes de la loi, en supposant que le père est engagé par un contrat à entretenir les enfants.

Un principe tout spécial, dont je parlerai plus loin à propos du projet de la loi française de 1881, est celui en vertu duquel le lord Chancelier peut déléguer l'auto-

---

(1) *V.* Blackstone, 1863.

rité du père à un étranger ; et les époux pourraient valablement convenir que la garde des enfants appartiendra à la mère.

Comme en Écosse, aucune puissance n'est exercée sur l'enfant illégitime.

GRÈCE.

La Grèce est un des rares pays dans lesquels le droit romain s'est maintenu longtemps tel qu'il était dans son dernier état.

Des modifications ont été faites, mais les cas de déchéance sont restés fort restreints.

L'interdiction légale n'enlève pas au père son autorité.

Le droit romain ne reçoit plus son application entière en matière de correction, et si le père abuse de ses droits, la garde peut lui être retirée et confiée à une autre personne.

Pour les fils, le consentement au mariage est seulement nécessaire aux mineurs non émancipés. Les filles au contraire doivent l'obtenir jusqu'à leur majorité.

ESPAGNE.

Autrefois, suivant les principes de la *patria potestas* romaine, le pouvoir du père se prolongeait même après le mariage du fils. Depuis la loi du 18 juin 1870, les droits du père sont éteints si l'enfant se marie, s'il rentre dans les ordres, ou s'il atteint vingt-cinq ans.

Les enfants sont émancipés quand le père les maltraite, ou bien lorsqu'il est condamné à l'exposition ou au bannissement avec perte de ses biens.

PROJET DE LOI

Ayant pour objet la protection des enfants abandonnés, délaissés ou maltraités (1881).

Suivant M. Le Play et son école, la puissance paternelle devrait être reconstituée sur de nouvelles bases, plus fermes et plus étendues que les anciennes. Ce désir est assurément fort louable ; malheureusement, autour de nous les familles patriarchales des vieux âges ont disparu. Et si des jurisconsultes (1) dont le nom fait autorité ont pu dire avec raison que les liens de la puissance paternelle ont été relâchés au point de compromettre ce qu'il y a de plus sacré dans l'humanité, notre époque serait mal choisie pour demander la restauration d'une autorité qu'en pratique on cherche à restreindre de plus en plus.

Un magistrat a déjà proposé, il y a longtemps, de confier la mission de modérer l'autorité paternelle, après l'avoir réformée, à des juges spéciaux, tant il décrit minutieusement le recrutement, les attributions, même le costume et le chapeau (2). Ces détails semblent aujourd'hui peu pratiques et légèrement surannés. L'auteur écrivait presque au commencement du siècle, et les aspirations comme les besoins ne sont plus les mêmes.

Je vais circonscrire le débat, laisser de côté les discussions philosophiques ou même politiques qui ont cours sur le sujet, et exposer simplement les modifications récla-

---

(1) MM. Auby et Rau.
(2) M. Chrestien de Polly.
« Les membres des grands et petits collèges de censure porteront l'habit français de drap noir... Ils ont de plus le chapeau à la Henri IV, retroussé par devant..., etc. »

mées depuis quelques années dans l'intérêt des enfants.

S'il y a de mauvais fils, il se trouve aussi de mauvais pères. L'opinion publique s'est émue, paraît-il, de la jeunesse d'un grand nombre d'accusés, et on a constaté à n'en pouvoir douter que la corruption de l'enfant venait souvent de la famille. Donc, avant tout, il faut protéger l'enfant. Les conditions désastreuses dans lesquelles vit une multitude de familles rendent les réformes urgentes. Un garde des sceaux a pu écrire dans une circulaire adressée en 1876 aux procureurs généraux : « Beaucoup de familles pauvres considèrent les établissements d'éducation correctionnelle comme des institutions de bienfaisance ; aussi laissent-elles les enfants se livrer au vagabondage ou à la mendicité sans appréhender des poursuites qui ont pour conséquence d'alléger leurs charges. Au lieu de demander que les enfants leur soient rendus, les parents arguent bien des fois soit de leur indigence, soit de la conduite des délinquants, et déterminent les Tribunaux à prononcer l'envoi dans une maison de correction (1). »

Sans parler de l'indignité des parents qui sera constatée plus souvent qu'on ne le croit parmi les gens appartenant à une classe relativement aisée, dans de certains milieux, l'ignorance, l'ivrognerie et la misère ont effacé tout esprit de famille. Aucune tendresse n'attache le père à ses enfants, et ces enfants, après avoir été des victimes pendant leur bas âge, pervertis par des exemples malsains et abrutis par les mauvais traitements, finissent par la prison si ce n'est pas par le bagne. « Il y a là, dit l'exposé

---

(1) J'emprunte cette citation à un mémoire de M. Fuzier-Herman, couronné en 1878 par l'Académie de législation de Toulouse.

des motifs présenté le 27 janvier 1881, une des plus douloureuses plaies de notre société, et il y a aussi pour l'avenir d'un pays où tout individu qui atteint l'âge de la majorité est investi des droits de citoyen, un trop grand danger pour que les pouvoirs publics puissent reculer devant les résolutions que cette situation commande. »

En Angleterre, nous l'avons déjà vu, le droit du père à la garde et à l'éducation de l'enfant a au-dessus de lui le lord Chancelier qui a le contrôle de la puissance paternelle et peut la retirer au père indigne pour la donner à une autre personne.

Aux États-Unis, les principes sont les mêmes; seulement au lieu d'un homme c'est l'État qui est *parens patriæ* et chef de toutes les familles. Les États qui n'ont pas ces règles écrites dans leurs Codes les ont appliquées dans leur jurisprudence. Un décret de la Cour suprême de Pensylvanie a décidé que « les parents naturels, lorsqu'ils sont insuffisants ou indignes à la tâche de l'éducation, doivent en être écartés par le *parens patriæ* ou les tuteurs communs de communauté..... » Cette protection et cette surveillance de l'État en matière d'éducation et de puissance paternelle se trouvent pour la première fois dans la législation du Massachusetts. Ces anciennes lois, en donnant aux parents le droit d'élever et d'éduquer leurs enfants, ne toléraient ni l'incapacité ni la négligence. « Une loi de 1642 porte la peine de mort contre l'enfant qui frappe son père ou sa mère, excepté dans le cas où il est établi par témoignages suffisants que les parents ont été d'une négligence antichrétienne « unchristianly » dans l'éducation de ces enfants (1) ». Sans entrer dans de plus grands développe-

---

(1) Documents parlementaires, Sénat, janv. 1883.

ments, il faut dire, à titre de curiosité, que l'instruction obligatoire est instituée par cette loi dès le xvii° siècle (1).

En France, aucune loi ne permet de soustraire à l'autorité paternelle l'enfant qui en est la victime. Les tribunaux ont quand même étendu leur jurisprudence en ce sens, et j'ai déjà parlé d'un arrêt de 1864 rendu par la Cour de cassation, et dans lequel on trouve les considérants suivants : « Attendu que si le droit des père et mère à la garde et à la surveillance de l'éducation de leurs enfants est, en général, un attribut de la puissance paternelle, l'intérêt des enfants est le principal motif qui doit déterminer l'exercice ou la restriction de ce droit ; qu'en déclarant d'après la délibération du conseil de famille que les intérêts moraux et matériels des enfants étaient en péril et qu'il était urgent d'y pourvoir en les confiant à leur aïeul, la Cour n'a fait de ses pouvoirs qu'un usage autorisé par la morale et par la loi. »

Suivant M. Laurent, une réforme de la loi civile est indispensable, puisque le titre IX ne mentionne pas les devoirs du père. M. Demolombe, dont j'ai exposé plus haut le système, semble plutôt croire que le progrès de la jurisprudence en cette matière pourraient à la rigueur

---

(1) On trouve dans l'*Intermédiaire* du 10 mars 1885 une note ainsi conçue :

Origines de l'instruction obligatoire. Diodore rapporte que Charoudas établit, chez les Thuriens, une loi importante, d'après laquelle tous les enfants des citoyens devaient apprendre à lire et à écrire (12. 12). Dans l'Inde, chaque village avait son école publique au iii° siècle de l'ère chrétienne, et les pères de famille étaient tenus, paraît-il, d'envoyer leurs fils à cette école, dès qu'ils avaient atteint leur cinquième année. En France, l'instruction primaire aurait été déclarée obligatoire à Lille, dès le xv° siècle, puis, par les Etats généraux de Blois, en 1560, par le concile de Cambrai, en 1565, et par les Etats généraux de Blois, en 1576. Ne pourrait-on pas préciser et compléter ces indications ?....

Cette question est jusqu'à ce jour restée sans réponse.

être suffisants, pourvu que les tribunaux continuassent à suppléer aux imperfections du Code par une interprétation conforme à l'équité.

On considère l'avis de M. Laurent comme juste (1) et une nouvelle loi peut être utile, elle comblera en partie au moins les lacunes qui existent dans le titre de la puissance paternelle. La situation sociale de 1803 et celle de 1886 ne se ressemblent guère. Au début du siècle, le législateur ne pensait pas à protéger l'enfant contre le mauvais père, tandis qu'aujourd'hui l'influence de l'industrie moderne sur le mode de vivre des travailleurs, la misère et l'ivrognerie surtout, ont à peu près détruit ce qu'autrefois on appelait sentiments de famille. A ces maux il faut apporter un remède, et la jurisprudence seule est impuissante à enlever légalement au père son autorité pour la transmettre à une autre personne qui en sera digne.

La Hollande, après avoir suivi notre Code pénal, a dans son nouveau Code du 3 mars 1881 spécifié les causes qui produisent la déchéance de la puissance paternelle.

Une loi du 5 juillet 1875 a créé, en Allemagne, le *Tribunal de tutelle et conseils des orphelins*, pour tous les mineurs dont le père n'a plus la direction. Une autre loi de 1878 organise l'éducation forcée pour ces mineurs, et pour ceux qui sont soustraits aux peines répressives. Le Tribunal de tutelle doit s'occuper d'office des enfants, quand les parents les maltraitent cruellement, les pous-

(1) Au moins en se plaçant à un certain point de vue, car il ne faut pas oublier que la loi qui viendra modifier la puissance paternelle dans son essence portera en réalité une grave atteinte à la liberté individuelle, et se trouvera, sous de certains rapports, en opposition avec les principes qui sont la base de notre droit.

sent au mal, ou leur refusent le nécessaire. L'éducation de leurs enfants est retirée aux parents et donnée, à leurs frais, à d'autres personnes. La puissance est aussi enlevée de droit, et d'une façon définitive, au père qui est condamné pour crimes graves à une peine infamante ou qui est reconnu juridiquement pour un dissipateur, etc...

Aux États-Unis, de nouvelles mesures ont été votées dans le but de prolonger la protection légale et même la tutelle proprement dite jusqu'à vingt et un ans. Ces lois, comme la loi allemande, consacrent le principe en vertu duquel le juge prononce la détention pour l'éducation forcée, tandis que c'est l'autorité administrative qui règle et fixe, suivant les circonstances, la durée de cette détention.

Je cite, en terminant ce rapide exposé, un fragment d'une lettre envoyée à M. Fernand Desportes (1) par M. de Moldenhawer. Il indique les règles actuellement suivies en Pologne : « Dans le but d'éviter des collisions avec la mauvaise volonté soit paternelle soit du tuteur, nous employons actuellement, et nous aurons recours à l'avenir (jusqu'à la promulgation d'une loi conforme) à une convention volontaire par laquelle les parents ou les tuteurs nous transmettent leur pouvoir, et s'engagent à ne pas reprendre, avant leur majorité, leurs enfants de notre tutelle..... C'est un moyen très faible, ne présentant aucune garantie (à moins qu'on n'y ajoute la clause d'une peine de convention, dans le cas d'abus), mais c'est toujours quelque chose, comme point de départ, pour la réforme de notre législation... ».

On voit, sans qu'il soit besoin de multiplier les citations, par ce qui a été dit jusqu'ici sur la législation des

(1) Rapport de la commission du Sénat.

nations étrangères, quelles sont non pas seulement en Amérique, mais aussi dans la plupart des pays d'Europe, les idées actuelles sur la protection des enfants.

Dès le cinq décembre 1880, une commission extra-parlementaire, nommée par le ministre de la justice, dut étudier les dispositions qui pourraient être proposées aux Chambres « relativement au cas de déchéance de la puissance paternelle à raison d'indignité, et relativement aussi à la situation légale des enfants indigents délaissés par leurs parents. » La commission se mit à l'œuvre sous la présidence de M. Martin-Feuillée et le programme fut divisé en trois parties :

I. — Recherche des cas dans lesquels il est nécessaire d'enlever au père, qui s'en rend indigne l'autorité qui lui est reconnue par nos lois sur ses enfants.

II. — Détermination des mesures propres à assurer l'éducation, le patronage et la tutelle des mineurs dans l'intérêt desquels la déchéance de la puissance paternelle a été prononcée.

III. — Étude des mesures légales à prendre à l'égard des enfants délaissés.

Les rapports qui furent faits fournirent les éléments d'un projet présenté au Sénat par le Gouvernement, le 8 décembre 1881. Sur la demande du garde des sceaux, M. Cazot, il fut renvoyé à la commission déjà nommée, qui dut en même temps examiner une proposition émanée de l'initiative parlementaire. Le rapport de cette commission fut distribué au Sénat dans la session ordinaire de 1882. Je vais indiquer parmi ses parties les plus saillantes celles qui intéressent l'autorité paternelle proprement dite.

Dans le titre premier, on distingue en trois catégories les mineurs placés de plein droit sous la protection de l'autorité publique, et l'on traite des moyens et des agents de protection.

Le titre II s'occupe des enfants délaissés et détermine la valeur légale qui doit être attribuée au désistement volontaire de la puissance paternelle.

Le titre III, d'une grande importance, est intitulé : *De la déchéance de la puissance paternelle*. Une suite de dispositions règle la protection qui sera accordée aux enfants dont les parents, par leur indignité, mettent en péril la vie, la santé ou la moralité de leur famille. Accessoirement, la procédure à suivre pour arriver à ce résultat est signalée, et la reprise de la puissance paternelle par les parents réhabilités est déclarée possible.

Le titre IV est relatif à la tutelle des mineurs placés sous la protection de l'autorité publique.

Quant au titre V, il contient des mesures générales sur l'exécution de la loi.

TITRE I

ARTICLE Ier. — « Est de plein droit sous la protection de l'autorité publique tout mineur de l'un ou de l'autre sexe qui se trouve abandonné, délaissé ou maltraité. ».

Aucune limite d'âge n'est fixée afin qu'il soit possible de soustraire complètement le mineur aux mauvais exemples de ses parents sous la puissance desquels il retomberait, si la protection prenait fin avant sa majorité.

La proposition parlementaire admettait la protection seulement pour les enfants non émancipés, L'article ne reproduit pas cette idée, afin qu'il soit impossible aux père et mère dépravés de soustraire leurs filles à la protection en les émancipant.

Je passe sous silence les art. 2 et 3 qui concernent spécialement le mineur abandonné ou délaissé.

Art. 4. — « Le mineur maltraité est celui dont les parents, tuteur, ou ceux à qui il est confié mettent en péril la vie, la santé ou la moralité par des sévices ou mauvais traitements, par leurs habitudes d'ivrognerie ou leur inconduite, grave et prouvée. » « Est assimilé au mineur maltraité celui dont les père et mère ont été condamnés comme coupables de l'un des crimes ou délits prévus aux art. 20 et 21 de la présente loi. »

Donc, non seulement les mauvais traitements physiques sont prévus, mais aussi les mauvais exemples et les pratiques corruptrices. C'est dans cette acception, dit l'exposé des motifs, que le mineur dont le père ou la mère a encouru l'application de l'art. 335 du Code pénal est un mineur maltraité.

Dans tous les cas, si l'on excepte les mesures d'urgence que prendra l'administration sous sa responsabilité, l'autorité publique ne pourra être substituée à celle du père qu'en vertu d'une décision judiciaire.

Le préfet de police dans la Seine, dans les autres départements le préfet ou les maires veilleront à ce que la garde du mineur maltraité soit confiée provisoirement à l'assistance publique, à un établissement autorisé, ou même à une personne recommandable. Le juge de paix sera informé et adressera, quand il le croira utile, des observations au procureur de la République qui les communiquera au préfet (art. 5).

En France, des maisons spéciales de réception n'existent pas comme à l'étranger. L'enfant abandonné entre à l'hospice après avoir passé un temps plus ou moins long au poste de police, à moins qu'il ne soit rejeté dans la rue ou conduit devant les tribunaux qui le condamnent comme vagabond. Cet état de choses doit être modifié, afin que l'enfant qui n'est pas coupable ne soit pas rendu à son existence précédente. Les tribunaux retireront donc aux parents, en vertu de la nouvelle loi, la garde de leur enfant; on le mettra dans un asile convenable et il n'aura pas à subir la promiscuité de la maison de détention.

Quelquefois l'autorité publique devra, sans attendre la décision du juge, prendre les mesures nécessaires pour sauvegarder la vie ou la moralité d'un enfant. On fait observer avec raison, à ce propos, dans l'exposé des motifs, que les règles à suivre pour l'exécution de ces mesures d'urgence ne peuvent pas être tracées dans la loi. A Paris, malgré les difficultés qui ont été soulevées, le préfet de police, dans les départements les maires, le sous-préfet, le préfet, semblent pouvoir très bien être chargés de les prendre.

Le gouvernement aurait désiré que, dans tous les cas, une décision judiciaire fût nécessaire pour le déplacement du mineur. Mais d'abord, en ce qui regarde les mineurs abandonnés, ce serait une innovation « dont la nécessité n'a jamais été sentie jusqu'ici », et quant aux mesures d'urgence, leur caractère même indique qu'attendre la décision du juge de paix serait préjudiciable à l'intérêt de l'enfant. Du reste, le juge de paix sera immédiatement averti, le danger n'est donc pas grand, surtout si l'on pense qu'un recours gratuit existe dans tous les cas au profit des parents ou des tuteurs.

Le préfet de police prendra donc, à Paris, les mesures nécessaires pour assurer la garde, l'éducation et aussi, s'il y a lieu, la tutelle de l'enfant abandonné ou maltraité. En province, les préfets devront demander l'avis conforme d'un comité départemental d'instruction et de patronage (1). Ce comité devra délibérer sur toutes les questions relatives à la présente loi. C'est lui qui recevra les rapports des comités cantonaux et dressera la liste des personnes qui offriront de se charger de la garde et de l'entretien d'un mineur. Et alors, après la décision du juge de paix et celle du Tribunal sur l'exercice de la puissance paternelle, le mineur sera placé définitivement dans un établissement ou chez un particulier (art. 8).

Suivant l'art. 8, la décision du comité départemental a, en ce qui concerne les mineurs abandonnés, un caractère

---

(1) Ce comité sera ainsi composé :
1° Le président du tribunal civil ou le vice-président désigné par lui;
2° Le procureur de la République ou le substitut désigné par lui;
3° L'inspecteur d'Académie;
4° Le chef de la division des enfants assistés dans le département de la Seine, et dans les autres départements l'inspecteur du service des enfants assistés;
5° Le maire du chef-lieu du département ou l'adjoint désigné par lui, et dans le département de la Seine un membre du conseil municipal de Paris;
6° Cinq membres du conseil général;
7° Un membre de chacun des conseils d'arrondissement;
8° Un ministre de chacun des cultes existant dans le département, nommé par le préfet;
9° Un membre du conseil de surveillance de l'administration générale de l'assistance publique, à Paris, pour le département de la Seine, et un membre de la commission administrative de l'hospice dépositaire du chef-lieu de département, pour les autres départements;
10° Un membre du conseil départemental d'hygiène publique;
11° Quatre membres élus par les membres ci-dessus, et choisis parmi les personnes s'occupant d'œuvres de bienfaisance.

légal définitif, tandis que s'il s'agit d'un mineur maltraité, la décision du Tribunal est nécessaire pour retirer la puissance au père.

Le comité départemental ne pouvant pas veiller sur la personne de chacun des enfants dont il lui faudra s'occuper, il sera aidé dans sa tâche par des comités cantonaux (art. 11).

La nécessité d'une surveillance sur place a toujours été reconnue, aussi bien par l'arrêté du 30 ventôse de l'an V, que par la commission d'assistance de l'assemblé législative de 1850, qui proposait d'ajouter au comité central établi dans chaque département une commission de patronage dans chaque commune.

Une fois placé définitivement, le mineur ne reste pas moins sous la surveillance de l'autorité publique.

Lorsqu'il n'y aura pas eu indignité des parents, et si les causes d'abandon ont cessé, l'enfant sera rendu à sa famille. Un simple acte administratif pourra admettre la demande des parents sans qu'il soit nécessaire de recourir aux tribunaux (art. 12 et 13).

La fin du titre I détermine la situation du mineur recueillie sans l'intervention des parents. Les parents pourront toujours réclamer leur enfant devant le Tribunal de sa résidence, tant que leur incapacité n'aura pas été prononcée.

Le tuteur ou les parents, autres que le père ou la mère, qui voudraient se charger de l'enfant, pourraient agir de la même façon (art. 14, 15, 16).

TITRE II

De la protection des mineurs au cas d'incapacité de leurs parents ou tuteurs, ou d'impossibilité par eux de remplir leurs devoirs de surveillance et d'éducation.

Une déclaration sera faite (art. 17) par les parents ou par le tuteur avec l'autorisation du conseil de famille devant le juge de paix qui recevra en même temps la déclaration de l'établissement ou du particulier qui consent à se charger du mineur. Ainsi seront évitées les difficultés insurmontables qui se produisent lorsque le mineur est délaissé, parce que les droits du père ne sont pas transmissibles. Or, l'absence de protection est très regrettable pour de nombreux enfants qui végètent dans les grandes villes livrés à l'oisiveté et au vagabondage. Si en pratique on fait signer aux parents un contrat par lequel ils sont supposés s'engager à laisser pendant un certain temps leur enfant aux personnes charitables qui l'ont recueilli, il est inutile d'ajouter que cette convention n'a aucune valeur légale.

En Angleterre, si les parents d'un enfant âgé de moins de quatorze ans déclarent qu'ils sont dans l'impossibilité de le surveiller, le juge peut après enquête l'envoyer dans une école industrielle qui est un asile créé par la loi.

L'Amérique a fondé en 1851, dans le même but, le *New-York juvenile asylum* qui est devenu une sorte d'institution d'État.

L'opinion dominante aujourd'hui à l'étranger sur la nécessité de l'éducation préventive et forcée tend à devenir générale. Elle a été exprimée avec une grande force au congrès pénitentiaire de Stockolm (1).

En France, on a constaté, à propos de la Société des jeunes détenus de la Seine, que l'on ne pourra jamais, malgré le concours des Tribunaux, arriver à un résultat satisfaisant si les associations charitables n'ont pas un pouvoir de par la loi, semblable à celui que donne l'art. 66 du Code pénal aux établissements d'éducation correctionnelle. L'abandon de la puissance paternelle rendu possible à celui qui en est titulaire aurait donc de grands avantages, mais une objection sérieuse a dû être discutée. La cession volontaire de la puissance paternelle est en opposition formelle avec l'art. 6 du Code civil qui sanctionne un principe fondamental : « On ne peut déroger par des conventions particulières aux lois qui intéressent l'ordre public et les bonnes mœurs. » Et un père qui aura cédé ses droits d'éducation ne pourra-t-il pas empêcher la réalisation du contrat qu'il aura consenti en émancipant son enfant (2)?

Ces arguments n'ont pas paru irréfutables à la commission du Sénat. En matière d'autorité paternelle, on se trouve contraint d'accorder un certain pouvoir d'appréciation aux Tribunaux. Les jurisconsultes de grande valeur l'ont dit; M. Laurent, qui soutient la thèse opposée, est lui-même obligé de faire des concessions, et l'on sait quels sont les principes qui ont été consacrés en 1864 par la Cour de cassation. La commission du Sénat, en déclarant ne vouloir apporter à l'autorité du père que les restrictions indispensables, a émis cette idée : que, précisément, parce que l'autorité du père sur ses enfants est

---

(1) Par M. Randail (Michigan), secrétaire de l'école de Colwater.
(2) Ces objections ont été présentées par MM. Duverger et Desportes.

d'ordre public, elle doit être enlevée à un père qui se montre indigne ou incapable de remplir ses devoirs? Un recours existerait toujours au profit des parents qui prouveraient que leur misère a cessé, et des contrats pourraient être faits pour quelques années seulement.

Le contrôle de l'acte de dessaisissement appartiendrait au juge de paix, dont la décision devrait être transmise au préfet. Le Tribunal n'aurait donc pas à intervenir, à moins que les parents ou le tuteur ne se pourvoient devant lui, dans le cas où une contestation se produirait sur l'exécution de l'acte (art. 18 et 19).

Le TITRE III s'occupe spécialement de la déchéance qui pourra être encourue par le père.

Cette déchéance est générale et frappe les parents condamnés par application de l'art. 334, § 2 du Code pénal, et ceux qui seront condamnés comme auteurs ou complices de crimes ou de délits commis sur la personne de leur enfant quand il y aura récidive (1). La règle est identique si l'on se trouve en présence d'un crime commis par un enfant, et auquel le père a participé comme coacteur ou comme complice.

La commission du Sénat a été, dit-on, unanime à reconnaître qu'aucune des dispositions de ce titre n'était en désaccord avec le principe de la puissance paternelle tel qu'il a été posé par Réal. M. Desportes soutint cependant devant la commission qu'il serait préférable d'enlever aux parents la garde et l'éducation de l'enfant sans prononcer une déchéance. Il craignait que les débats qui se seraient élevés dans le Parlement sur cette déchéance ne

---

(1) La déchéance est encourue, même quand la récidive a lieu de délit à crime.

fussent une cause de retard dans l'achèvement d'une loi attendue avec impatience.

M. Duverger, professeur à la Faculté de droit, formula des objections d'un autre genre : Suivant lui, les dispositions législatives visant la déchéance de la puissance paternelle constituent une loi de répression qui doit trouver sa place dans le Code pénal. Il serait suffisant à son sens, en attendant la révision du Code pénal, de donner une consécration légale à certaines attributions du conseil de famille.

Ces observations ne furent pas prises en considération parce qu'elles visaient des questions de détail et aussi parce que, « en cherchant dans l'art. 335 du Code pénal un précédent justifiant la déchéance à infliger au père, la commission (du Ministère de la justice) a trouvé un principe qui permet de compléter notre loi civile sans en troubler l'économie ».

En raisonnant par analogie, on a vu dans l'art. 444 la règle que l'on appliquera à la puissance paternelle. Et, afin d'éviter autant que possible l'arbitraire, les mesures qui seront prises n'auront jamais un caractère préventif.

Le père, frappé par l'art. 335, sera donc privé de la puissance paternelle d'une façon générale sur tous ses enfants, et on lui assimile les pères condamnés une deuxième fois pour crimes ou pour délits commis sur la personne de leurs enfants, ou pour crimes commis de complicité avec eux, sans qu'il y ait à distinguer entre les différentes espèces de récidives.

Dans certaines hypothèses, la déchéance sera facultative et la suppression des droits du père n'aura lieu que pour un temps. Elle sera prononcée pour une durée de un à cinq ans contre :

1° Les père et mère condamnés comme auteurs, coacteurs ou complices d'un crime autre que ceux prévus par les art. 86 à 101 loi du Code pénal ;

2° Les parents condamnés une seconde fois pour vol, abus de confiance, escroquerie, adultère ou entretien de concubine au domicile conjugal, excitation habituelle de mineurs à la débauche, outrage public à la pudeur, outrage aux bonnes mœurs, séquestration, suppression, exposition ou abandon d'enfants, mendicité, vagabondage ;

3° Les parents condamnés pour ivresse, en police correctionnelle, deux fois dans la même année (art. 2, § 2 de la loi du 23 janvier 1873) ;

4° Les parents condamnés pour vol, etc., une première fois à un an de prison, ou pour excitation à la débauche, outrage public à la pudeur, mendicité à trois mois d'emprisonnement ;

5° Les parents condamnés par application des art. 2 et 3 de la loi du 7 décembre 1874.

Enfin à cette énumération il faut ajouter les parents dont l'inconduite grave compromettrait la santé ou la moralité des enfants, et ceux qui habituellement s'adonnent à l'ivrognerie.

Toute condamnation n'emportera donc pas de plein droit la déchéance. Ce sera aux juges de voir si une atténuation doit être apportée dans son application. Même ainsi restreinte, la théorie de la déchéance a rencontré une opposition assez vive. L'énumération des cas de déchéance a été trouvée trop longue. Certains voudraient qu'un plein pouvoir d'appréciation fût laissé aux Tribunaux. Il faut répondre que la réglementation sera au contraire en cette matière fort utile. D'ailleurs, les paragraphes 6 et 7 laissent aux juges une liberté d'appréciation considérable, puisque la privation de la puissance paternelle pourra être prononcée sans qu'il y ait eu une condamnation antérieure. Ces paragraphes ont été inspirés par les règles semblables de la tutelle. Le mot « notaire » qui se trouve dans l'art. 444 a seul été changé pour éviter les discussions auxquelles ce qualificatif a donné lieu, et on a décidé que l'inconduite, pour entraîner la déchéance, devrait être « grave et prouvée ». Quant à l'ivresse il ne sera pas nécessaire qu'elle soit manifeste. La preuve s'en fera comme en matière de séparation de corps ou de quasi-délit, et les Tribunaux apprécieront.

Dans cet ordre d'idées, la commission du Sénat a pris en considération une proposition de M. Duverger, et elle a indiqué au début de l'art. 21 une suspension de la puissance paternelle qui, moins grave que la déchéance, sera considérée comme une simple « mesure de précaution » que l'on supprimera quand le père s'en sera montré digne.

La juridiction compétente sera saisie dans certains cas par le ministère public, dans les autres par la mère s'il s'agit du père, ou par les ascendants, aussi par le président de l'établissement dans lequel le mineur aurait été recueilli. Le ministère public pourra toujours agir sur la demande des personnes auxquelles appartiendra le droit d'action. Il devra faire diligence pour faire prononcer la déchéance par le Tribunal civil, car le Tribunal qui a infligé la peine principale est dessaisi. C'est dans l'exposé des motifs présenté par le garde des sceaux qu'il faut chercher les raisons de la mission du ministère public : « Une expérience constante démontre que lorsqu'un Tribunal, à côté de son droit de juridiction principale, est investi d'un droit de juridiction accessoire, il omet fréquemment d'user du second pour exercer exclusivement le premier. Il répugne d'ailleurs, en général, aux magistrats de statuer en toute matière sur les faits qui ne leur paraissent pas avoir été l'objet d'une instruction spéciale. Au contraire, si l'on suppose qu'on institue un tribunal dans la compétence duquel les questions d'indignité seront de droit commun, et qui ne statuera sur les faits qui lui seront déférés qu'après une instruction particulière, il n'y a plus à douter que le juge ne s'acquittera de sa mission, et qu'il ne trouvera promptement, dans sa propre jurisprudence et dans son expérience acquise, des moyens puissants de seconder les vues du législateur !... Au surplus, afin de mieux assurer cette transmission du criminel au civil, et de prévenir toute omission, il a été décidé que ce ne serait point au juge criminel ou correctionnel dessaisi à ordonner le renvoi des pièces au juge civil saisi de plein droit, mais que ce serait au ministère public à faire sans délai toute diligence pour que le juge civil soit mis à même de statuer ou d'ordonner s'il y échet dans les préliminaires d'instruction. »

La Chambre du conseil pourra, pendant l'instance, prescrire relativement à la garde et à l'éducation des mineurs les mesures provisoires qui lui paraîtront convenables, et ses jugements seront exécutoires par provision.

Pendant trois jours seulement, il sera possible de faire opposition au jugement prononçant la déchéance. Si, sur l'opposition, un nouveau jugement était rendu, la voie de l'appel serait seule ouverte. Le délai de l'appel est de dix jours (art. 23, 24, 25).

La personne déchue de la puissance paternelle ne peut

plus être tuteur, ni subrogé-tuteur, ni curateur, ni même membre d'un conseil de famille.

Après la condamnation du père, le Tribunal décidera si l'autorité doit être laissée en tout ou en partie à la mère.

En supposant le père déchu, la mère en vie, et un tuteur nommé aux enfants, la mère peut, après la mort du père, faire convoquer le conseil de famille qui décidera si la tutelle doit lui être rendue. La règle du Code qui donne l'autorité à la mère à défaut du père n'est pas suivie parce que la loi nouvelle s'appliquera surtout aux familles qui vivent dans les milieux viciés ; la mère qui se trouve en contact journalier avec un père indigne ou incapable ne présente pas de garanties suffisantes.

Trois ans après le jugement prononçant la déchéance, les parents pourront recouvrer tout ou partie des droits qu'ils ont perdus. L'avis du conseil de famille sera obligatoire.

TITRE IV

C'est la tutelle des mineurs abandonnés, délaissés ou maltraités que ce titre réglemente. Il indique les personnes auxquelles cette tutelle pourra être dévolue et parle des fonctions du subrogé-tuteur. Il pose aussi les règles relatives à l'acte d'émancipation et aux comptes de tutelle, à la dispense d'hypothèque légale, à la faculté qu'a toute personne domiciliée et jouissant de ses droits civils de s'adresser au Tribunal, par voie de requête, pour obtenir la garde des mineurs.

A la fin, sont traitées les causes qui peuvent produire le retrait de la tutelle.

TITRE V

Ce dernier titre crée un comité supérieur de protection et d'éducation des mineurs abandonnés, délaissés ou maltraités. Le ministre de l'intérieur sera chargé d'organiser un service d'inspection. Un règlement d'administration publique devra déterminer les mesures propres à assurer le placement et la surveillance des mineurs protégés.

Le reste du projet s'occupe des mineurs vicieux et des mineurs estropiés. Il se termine par l'art. 19 qui est ainsi conçu : « Sont abrogées les dispostiions législatives antérieures en ce qu'elles ont de contraire aux dispositions de la présente loi. Sont toutefois maintenues, en attendant la révision des lois et décrets qui régissent les services d'enfants assistés, les dispositions de la loi du 15 pluviose an XIII, et de la loi du 10 janvier 1849, en ce qui concerne l'admission, la garde et la tutelle des mineurs confiés à l'administration générale de l'assistance publique, à Paris, dans le département de la Seine, et aux commissions administratives des hospices dans les autres départements. »

Telles sont les dispositions essentielles du projet de loi au moyen duquel on voudrait réaliser, dans notre législation, la réforme de l'autorité paternelle ! Doit-on espérer pour lui un sort plus heureux que celui qui a été réservé jusqu'ici à la célèbre proposition Delsol de 1873 ? Un avocat bien connu du barreau de Paris écrivait naguère : « Je considère pour longtemps encore la question comme enterrée. » Si l'on juge de l'avenir par les tendances qui se sont affirmées depuis de longues années dans les assemblées parlementaires de notre pays, il est à supposer que nos législateurs songeront à nous doter d'une nouvelle constitution avant de trouver le loisir de penser à la réforme nécessaire de certaines parties de notre droit civil.

Les objections théoriques ne manqueront pas. Il faut, pour arriver au résultat cherché, « courber l'autorité paternelle devant la souveraineté de l'État, fouler aux pieds les droits particuliers au nom de l'intérêt général. Les passions politiques s'empareront peut-être de cette réforme, chercheront à la travestir, à la représenter comme un moyen d'inquisition et d'oppression (1). »

Cependant, partant du principe qui veut que l'autorité du père existe dans l'intérêt des enfants, et si l'on considère, en outre, ce que la jurisprudence, par une interprétation libérale du texte de la loi, a déjà fait, on verra que l'innovation proposée n'est peut-être pas aussi radicale qu'elle paraît l'être au premier abord. L'utilité du pouvoir interprétatif des tribunaux est manifeste, mais il faut aussi reconnaître que les droits étendus qu'ils s'arrogent ne sont consacrés par aucun texte. Y a-t-il là un empiètement de l'autorité judiciaire sur le pouvoir législatif ? C'est toute la question. « Ce n'est pas là de l'arbitraire, a écrit l'auteur que je viens de citer, c'est le rôle même de la jurisprudence. La jurisprudence a pour mission de développer les principes, d'en tirer les conséquences qu'on n'avait pas aperçues tout d'abord, et qu'a révélées la pratique des affaires, de maintenir

---

(1) M. Boucart, professeur à la Faculté de Nancy, *France judiciaire* du 1er septembre 1883.

ainsi autant que possible l'harmonie du texte écrit avec les besoins nouveaux. » Sans doute ! Néanmoins, il ne faut rien exagérer, et il serait préférable de consacrer par une loi les réformes qui ont été indiquées dans de nombreux arrêts. Les législateurs auront seulement à se demander si la nouvelle loi ne doit pas se borner à punir l'indignité des parents. La question, en effet, est fort grave et n'occupe dans notre Code qu'une place tout à fait secondaire. Quant à la délégation de l'autorité paternelle consentie par le père à un tiers, elle peut présenter de grands avantages pratiques qui l'ont fait admettre dans certains pays. Cependant il ne faut pas oublier que la règle qui la consacrera, non seulement pourra favoriser des calculs peu avouables, mais aussi sera en opposition avec l'art. 6 du Code civil.

POSITIONS

DROIT ROMAIN.

I. — Le père ne pouvait pas contraindre son fils à abdiquer sa qualité de citoyen. Gaius, I, 123.

II. — A l'époque classique, l'émancipation tacite n'était pas admise.

III. — L'émancipation anastasienne pouvait être faite aussi bien entre présents qu'entre absents.

IV. — La *collatio emancipati* n'avait lieu qu'entre héritiers venant à la succession *eodem jure*.

V. — Dans le cas d'avulsion, le terrain entraîné reste la propriété de l'ancien propriétaire. Mais si des arbres ont été entraînés avec la portion de terrain déplacée, et s'ils viennent à pousser leurs racines dans le fonds inférieur, ces arbres et aussi le terrain appartiendront au propriétaire du fonds inférieur.

VI. — C'est à tort que l'on distingue deux actions

pauliennes : l'action paulienne personnelle a seule existé dans le droit romain.

VII. — La nature de la servitude correspond à la nature du fonds dominant.

VIII. — L'usufruit ne pouvait pas s'établir par des pactes et des dispositions.

CODE CIVIL.

I. — La convention stipulant que les enfants à naître d'un mariage seront élevés les uns dans la religion de leur père, les autres dans la religion de leur mère, n'aurait aucune valeur légale.

II. — La détention, par voie d'autorité, est possible, bien que le père ait contracté un second mariage, si son second conjoint est mort.

III. — La détention, par voie de réquisition, pourra durer un mois seulement.

IV. — Le père seul a en principe l'autorité sur les enfants naturels.

V. — Un testateur ne peut pas imposer l'indivision à ses héritiers pendant un délai de 5 ans.

VI. — L'art. 901 déclare, sans faire aucune distinction, que pour faire une donation entre-vifs ou un testament il faut être sain d'esprit. En conséquence, on pourra faire tomber la donation ou le testament en prouvant que le donateur ou le testateur n'était pas sain d'esprit au moment de l'acte, alors même que son interdiction n'aurait jamais été provoquée, et que l'acte attaqué ne porterait pas la trace de la démence.

VII. — Les juges ne peuvent pas accorder des délais de grâce au débiteur lorsque le créancier est muni d'un titre exécutoire.

VIII. — L'art. 2101, § 3, en accordant un privilège aux créanciers pour les frais de la dernière maladie du débiteur, entend seulement parler des frais de la maladie dont est mort le débiteur.

PROCÉDURE CIVILE.

La prohibition d'entendre les enfants comme témoins en matière de séparation de corps s'applique non seulement aux enfants communs, mais aussi à ceux d'un premier mariage.

DROIT ADMINISTRATIF.

La justice est comme le gouvernement et l'administration une branche du pouvoir exécutif.

DROIT PÉNAL.

Le père et la mère sont responsables du dommage causé par leurs enfants émancipés ou non.

DROIT COMMERCIAL.

La disposition de l'art. 638, § 2 du Code de commerce est applicable au mineur commerçant.

Vu par le président de l'acte public,
Ed. P. DUBEUGNON.

Vu et permis d'imprimer :
Le Recteur,
ED. CHAIGNET.

Vu par le Doyen,
Léopold THÉZARD.

Poitiers, le 17 juin 1886.

Les visas exigés par les règlements sont une garantie des principes et des opinions relatives à la religion, à l'ordre public et aux bonnes mœurs (statut du 9 avril 1825, art. 41), mais non des opinions purement juridiques, dont la responsabilité est laissée au candidat.
Le candidat répondra en outre aux questions qui lui seront faites sur les autres matières de l'enseignement.

TABLE DES MATIÈRES

DROIT FRANÇAIS.

PREMIÈRE PARTIE. — Résumé historique.

			Pages.
I.	Puisssance paternelle chez les Gaulois		91
II.	Id.	dans le droit gallo-romain	93
III.	Id.	chez les Germains	95
IV.	Id.	au moyen âge	97
V.	Id.	dans le droit coutumier	100
VI.	Id.	dans le droit intermédiaire	114

DEUXIÈME PARTIE. — Code civil.

Préliminaires 118

SECTION I. — *De l'autorité du père sur les enfants légitimes.*

CHAPITRE I. A quelles personnes appartient l'autorité paternelle... 121
CHAPITRE II. Effets de l'autorité paternelle...................... 123
  I. Education et garde de l'enfant............................ 123
  II. Droit de correction...................................... 126
    § 1. Droit de correction en général et de ses conditions..... 126
    § 2. Exercice du droit de correction....................... 131
      A. Droit de correction exercé par le père............... 131
      B. Droit de correction exercé par la mère............... 139
  III. Du droit donné au père et à la mère de consentir au mariage de leurs enfants et d'y faire opposition................ 142
  IV. Du consentement des père et mère à l'adoption de leurs enfants... 147
  V. Du droit accordé au dernier mourant des père et mère de choisir un tuteur *testamentaire* à ses enfants mineurs...... 148
  VI. Règles spéciales au cas où la mère exerce l'autorité du père, en vertu de l'art. 141.................................... 151

SECTION II. — *De l'autorité du père sur ses enfants naturels.*

	Pages.
I. Principes généraux.	152
II. A qui appartiennent la garde et l'éducation de l'enfant naturel.	155
III. De la correction des enfants naturels.	157

SECTION III. — *Des modes de dissolution de l'autorité paternelle et des cas dans lesquels l'exercice de cette autorité peut être enlevé au père et à la mère ou modifié entre leurs mains.*

I. Modes de dissolution proprement dits.	160
§ 1. Définition de la majorité.	160
§ 2. De l'émancipation.	160
II. Cas dans lesquels l'exercice de la puissance paternelle peut être enlevé au père et à la mère ou modifié entre leurs mains.	163

LÉGISLATIONS ÉTRANGÈRES.

BELGIQUE.	179
HOLLANDE.	179
RUSSIE.	180
POLOGNE.	181
PORTUGAL.	181
ITALIE.	182
SUISSE.	183
ALLEMAGNE.	186
HONGRIE.	188
NORVÈGE.	188
DANEMARK.	190
ÉCOSSE.	190
ANGLETERRE.	191
GRÈCE.	192
ESPAGNE.	192

PROJET DE LOI ayant pour objet la protection des enfants abandonnés, délaissés ou maltraités (1881).

Généralités et indication des idées admises actuellement sur cette matière dans les principaux pays étrangers.	193

	Pages.
Titre I.	200
Titre II.	205
Titre III.	207
Titre IV.	212
Titre V.	213
POSITIONS.	217

ERRATA.

Page 57, ligne 16, au lieu de : *mariage,* lisez : *ménage.*
Page 69, ligne 3, au lieu de : *manumissor,* lisez : *si le manumissor.*
Page 72, ligne 22, au lieu de : *descendants,* lisez : *ascendants.*
Page 74, ligne 5, au lieu de : *Justianus,* lisez : *Julianus.*
Page 84, ligne 23, au lieu de : *faite,* lisez : *fait.*
Page 85, ligne 26, au lieu de : *furte,* lisez : *furti.*
Page 90, ligne 24, au lieu de : *(1),* lisez : *(2).*
Page 102, note 3, au lieu de : *Desmarès,* lisez : *Desmares.*
Page 113, ligne 24, au lieu de : *ramine,* lisez : *domine.*
Page 115, note 1, au lieu de : *fr.* 384, lisez : *p.* 384.
Page 116, ligne 3, au lieu de : *un troisième,* lisez : *un tiers.*
Page 126, note 1, au lieu de : *ce qui était,* lisez : *ce qu'était.*
Page 131, ligne 3, lisez : *mais la sûreté.*
Page 134, ligne 6, au lieu de : *Tribunal,* lisez : *Tribunat.*
Page 137, ligne 2, lisez : *et à l'art.* 28.
Page 148, dans le titre, lisez : *un tuteur testamentaire.*
— ligne 25, lisez : *par le respect.*
Page 157, ligne 4, lisez : *les art.* 376... *sont applicables.*
Page 218, VIII, au lieu de : *dispositions,* lisez : *stipulations.*

www.ingramcontent.com/pod-product-compliance
Lightning Source LLC
Chambersburg PA
CBHW071934160426
43198CB00011B/1389